Les Recettes faciles et légères d'une Ex-grosse

Les Recettes faciles et légères d'une Ex-grosse

Anna Austruy
avec la collaboration de
Élise Delprat-Alvares

LAROUSSE
21, rue du Montparnasse 75283 Paris Cedex 06

... SOMMAIRE ...

PRINTEMPS

ENTRÉES

... Salade *détox* ... 12
... Œufs *mimosa* ... 14
... Macédoine de légumes *et sa fausse mayo* ... 16
... Salade frisée *aux pointes d'asperges* et œufs pochés ... 18
... Rouleaux de printemps *aux crevettes* ... 20
... Tourte en brick *aux épinards* ... 22
... Salade *de pois gourmands* ... 24
... Tartines *aux tomates cerises,* saveur moutarde ... 26

PLATS

... Risotto de coquillettes *aux 2 saumons* ... 28
... Couscous *au poulet* ... 30
... Pizza *de saison* ... 32
... Galettes de thon *aux flocons d'avoine* ... 34
... Asperges *sauce mousseline* ... 35
... Papillotes *de dos de cabillaud au citron,* frites de patates douces ... 38
... Riz *cantonais* ... 40
... Petits pois et carottes *à la ciboulette et au tofu* ... 42
... Gratin *de chou-fleur au bacon,* sauce blanche *au roquefort* ... 44

DESSERTS

... Variations *autour du* fromage blanc, *le dessert zéro complexe* ... 46
... Salade de fruits *exotiques, saveur* barbe à papa ... 50
... Tarte fine *fraises-rhubarbe* (et sa pâte express) ... 52
... Œufs *à la neige* ... 54
... Ananas *poêlé au miel* ... 56
... Tiramisu *aux fruits rouges* ... 58

ÉTÉ

ENTRÉES

... Céleri *rémoulight* ... 62
... Tomates brocciu, *façon tomate mozzarella* ... 64
... Taboulé *au boulgour* ... 66
... Salade de blé *et haricots verts,* version technicolor ... 68
... Salade de roquette *et tuiles au parmesan* ... 70
... Salade *César* ... 72

PLATS

... Duo de gambas et crevettes *au lait de coco* ... 74
... Courgettes *farcies* ... 76
... Wraps fraîcheur mimolette, *jambon de dinde et laitue* ... 78
... Pain de poisson *à la tomate et au basilic* ... 80
... Brochettes *marinées au bœuf et* poivrons grillés ... 82
... Risotto au pesto rouge *et chorizo* ... 84
... Filets de lotte *aux courgettes* ... 86
... Tatin de tomates *au romarin* ... 88
... Moules *à la marinière* ... 90
... Poulet *basquaise* ... 92
... Cheeseburgers végétariens *au tofu* ... 94
... Moussaka ... 96
... Cake chèvre *et tomates* ... 98
... Tajine de poulet *aux olives* ... 100

DESSERTS

... Panna cotta *aux abricots* ... 102
... Charlotte *aux nectarines* ... 104
... Clafoutis *aux cerises* ... 106
... Crème glacé *cassis et* langues de chat *chocolatées* ... 108
... Cheesecake *aux framboises* ... 112
... Cake au citron *et graines de pavot* ... 114

AUTOMNE

ENTRÉES

... Mousse au thon *et œuf maman* ... 118
... Salade piémontaise ... 120
... Salade de lentilles *aux carottes* ... 122
... Verrines roses : *betterave et œufs de caille* ... 124
... Tortilla tiède *aux cèpes* ... 126

PLATS

... Nuggets *de dinde* ... 128
... Ratatouille ... 129
... Pot-au-feu ... 132
... Quiche lorraine *sans pâte* ... 134
... Cordons *bleus* ... 136
... Cassoulet ... 138
... Curry *de filet mignon* ... 140
... Purée *de potimarron* ... 141
... Brick *aux 2 fromages* ... 144
... Chili con carne ... 146
... Tofu *aux oignons* ... 148
... Spaghettis *à la bolognaise* ... 150
... Magrets de canard *à la poire et à l'oignon* ... 152
... Purée *de pommes de terre* à l'ancienne ... 153

DESSERTS

... Crumble 2/4/6 *aux pommes* ... 156
... Poires pochées, *sauce chocolat* ... 158
... Gâteau *de semoule au chocolat* et amande amère ... 160
... Pommes au four *et oursons guimauve* ... 162
... Tarte *Tatin* ... 164
... Moelleux *au chocolat* ... 166

HIVER

ENTRÉES

... Poêlée *de surimi* aux poireaux ... 170
... Artichauts *en vinaigrette* ... 172
... Terrine *charcutière* aux trompettes de la mort ... 174
... Potage *aux 5 légumes* ... 176

PLATS

... Poêlée *de choux de Bruxelles* au St Môret® ... 178
... Escalopes *de dinde* à la crème *de champignons* ... 180
... Saint-jacques *poêlées à la* roquette ... 182
... Steaks *au poivre* ... 184
... Purée *de carottes* ... 185
... Lasagnes ... 188
... Pommes de terre *à la cancoillotte* ... 190
... Hachis *Parmentier* ... 192
... Tagliatelles *sautées à la mode* thaïe ... 194
... Tarte *à l'oignon rouge* de Roscoff ... 196
... Endives *au pastrami* ... 198
... Tartiflette *au bacon* ... 200
... Raclette ... 202
... Blanquette *de veau* ... 204
... Bœuf *façon* bourguignon ... 206
... Wok de porc *aux châtaignes* ... 208

DESSERTS

... Truffades *au chocolat noir* et au lait ... 210
... Gratin d'agrumes *à la cannelle* ... 212
... Far *aux pruneaux* ... 214
... Mousse *au chocolat* ... 216
... Gâteau *aux pommes* ... 218
... Profiteroles ... 220

LES GOURMANDISES D'ANNA 222
UN MENU POUR CHAQUE SITUATION 240
GLOSSAIRE 246
INDEX 248

AVANT-PROPOS…

Les recettes d'Anna et d'Élise

Coucou, mes régimeuses et régimeurs ! Après avoir écrit *Le Journal d'une ex-grosse*, puis celui d'une *Ex-feignasse*, je me suis lancée un nouveau défi ! Vous aidez à affiner vos rondeurs et maintenir votre poids de façon durable. Découvrez pour cela mes 100 recettes incontournables, préférées, rapides, simples, appétissantes, traditionnelles, salées ou sucrées, avec de la couleur, des bonnes odeurs, des saveurs… Êtes-vous prêt à faire danser vos papilles ?

Vous savez déjà que les régimes draconiens, frustrants et restrictifs n'ont jamais été ma tasse de thé, alors je vous emmène avec moi côté cuisine pour équilibrer vos assiettes, vous réconcilier avec la nourriture et arrêter de diaboliser les aliments que vous aimez tant. Sortons de ce cadre qui dit que « pour maigrir, il faut souffrir », c'est FAUX ! Le régime du bonheur, c'est de cuisiner.

Pour cela, j'ai demandé à Élise de m'accompagner dans ce projet culinaire. Elle a su être à l'écoute, organiser, rédiger et mettre ses talents de cuisinière au service de mes recettes chouchou. Il fallait faire simple pour vous donner l'envie d'enfiler votre tablier et vous réconcilier avec la nourriture pour mettre en forme ce rééquilibrage alimentaire.

Je l'ai toujours dit : si, depuis vingt ans, je maintiens mon poids sans regrossir, c'est grâce au fait que je cuisine. En plus, si, pendant tout ce temps, je n'avais préparé que des aliments cuits vapeur, mon mari et mes enfants m'auraient déjà quittée !

J'ai eu, tout au long de ma vie, une sacrée habitude des recettes faites à l'instinct en mode « à la louche », à « vue d'œil ». C'est pourquoi j'ai travaillé avec Élise, en qui j'avais toute confiance pour rédiger et vous indiquer les bonnes doses de mes recettes préférées ! En effet, avec une maman toulousaine, une grand-mère paternelle slave, une tatie espagnole, une belle-mère des Hautes-Alpes et un mari de Saint-Marcellin, dans l'Isère, région du fromage, je ne manque pas d'inspiration ! Sans compter sur ma belle-sœur, reine des desserts...

Il est bon de rappeler que vous comme moi n'avons pas grossi parce que nous avons mangé de tout, mais parce que nous avons TROP mangé de tout !

Nous faisons partie de la génération qui aime manger « MOU », ce qui nous pousse à manger plus et beaucoup trop. Oubliez les plats cuisinés industriels : ils sont souvent trop gras, trop salés, trop sucrés et bourrés d'additifs. Retrouvons ensemble le goût de cuisiner, même si le temps manque. Il y a toujours un moyen de sauter des étapes et de gagner du temps pour se régaler !

On prend donc une seule part et, si on est une fille, on ne mange bien sûr pas les mêmes quantités que son père, son frère, son mari, son ado ou son colocataire. Et si j'en veux encore, je file faire du sport !

Anna Austruy

Printemps

La saison des bonnes résolutions est ouverte !
On nous promet des corps de sirène pour l'été, à coup de régimes maillot draconiens : fuyez ! Jamais de frustration, que du plaisir raisonné et raisonnable, telle est ma devise.

... Salade *détox* ...

PRÉPARATION : 10 MIN
pour 4 personnes

- 450 g de haricots verts cuits
- 2 petits cœurs d'artichauts cuits
- 1 betterave cuite
- 1 pomme granny smith
- 1 concombre
- 100 g de pousses d'épinards frais

Info : 100 g de haricots verts = 44 haricots.

POUR LA VINAIGRETTE

- 4 cuill. à café d'huile d'olive
- le jus de 1 citron
- 1 cuill. à soupe d'eau gazeuse
- 1 cuill. à café de moutarde
- 2 cuill. à soupe de persil plat ciselé*
- sel et poivre du moulin

Mettez les haricots verts froids dans un saladier.

Coupez les cœurs d'artichauts en dés. Épluchez et coupez la betterave et la pomme en bâtonnets. Épluchez le concombre, coupez-le en deux dans le sens de la longueur et tranchez-le.

Mélangez ces légumes en morceaux et la pomme avec les haricots et les pousses d'épinards.

Préparez la vinaigrette. Dans un bol, émulsionnez* l'huile d'olive avec le jus de citron, l'eau gazeuse et la moutarde. Rectifiez l'assaisonnement, parsemez de persil et versez la vinaigrette sur la salade composée. Mélangez et servez immédiatement.

Clé minceur : se reprendre en main après des écarts.

HIER SOIR, VOUS SORTIEZ... LE REPAS A ÉTÉ BIEN ARROSÉ, plus riche, plus gras et plus sucré que d'habitude. Bref, ça arrive, mais c'est souvent la catastrophe pour la ligne et pour le moral le lendemain ! Pas de panique, aujourd'hui, reprise en main urgente : salade détox ! Une façon saine d'alléger sa journée pour équilibrer les écarts de la veille. Pas besoin de volonté ni de motivation pour préparer cette salade. Votre corps tout entier en demande : « Du vert, il y a urgence ! »

REPÈRE TOP LIGHT

De l'eau gazeuse pour allonger la vinaigrette, sans la rendre plus grasse !

ÉQUILIBRE REPAS : on ajoute 1 pomme de terre par personne, 1 œuf et on prend un yaourt en dessert.
ASTUCE DE CUISINIER
Assaisonnez la salade au dernier moment si vous la préparez à l'avance.
+ de vitamines + de fibres
+ de fraîcheur + d'eau !

Œufs *mimosa*

PRÉPARATION : 10 min
CUISSON : 8 min
pour 4 personnes

- 4 œufs
- 2 petits-suisses à 0 % de matières grasses
- 1 cuill. à soupe de moutarde
- 2 cuill. à soupe de persil plat ciselé*
- sel et poivre du moulin

Favorisez la moutarde fine : elle est moins forte, le goût sera donc plus doux.

Portez une casserole d'eau à ébullition et plongez-y les œufs. Faites-les cuire 8 minutes, puis passez-les sous l'eau froide afin de les refroidir et de les écaler* plus facilement.

Coupez les œufs en deux dans le sens de la longueur et retirez les jaunes.

Dans un petit saladier, écrasez les jaunes à la fourchette et mélangez-les avec les petits-suisses, la moutarde et 1 cuillerée à soupe de persil. Rectifiez l'assaisonnement et farcissez chaque blanc d'œuf de 1 cuillerée à café de préparation.

Parsemez du persil restant et servez immédiatement.

Clé minceur : devenir astucieuse.

Grrr ! J'ai toujours eu du mal à retirer le papier qui entoure mes petits-suisses. !!

REPÈRE TOP LIGHT

Une mayonnaise onctueuse, mais sans matières grasses grâce aux petits-suisses.

ÉQUILIBRE REPAS : on déguste l'œuf mimosa avec 2 tartines de pain complet, une salade verte assaisonnée d'1 cuill. à café d'huile d'olive au citron et on prend un fruit en dessert.

QUAND J'ÉTAIS PETITE, MON ENTRÉE PRÉFÉRÉE DANS LES CAFÉTÉRIAS ÉTAIT LES ŒUFS MAYONNAISE, mais depuis, ils se sont transformés en œufs mimosa, perte de poids oblige !

À propos d'œufs, vous pouvez cuire ceux au plat dans de la sauce tomate au naturel : cette astuce évite toute matière grasse dans la poêle.

ASTUCE DE CUISINIER

Pour une présentation parfaite, je farcis les œufs à l'aide d'une poche à douille. Et si je n'ai pas de poche à douille, je prends un sac congélation et je coupe un angle.

Le plus long dans cette recette, c'est de cuire les œufs durs et de les écaler*.

!!

LE TOP 3 DES AVANTAGES DE CUISINER

1• C'est plus sain : moins de conservateurs, d'arômes chimiques, de colorants. Et c'est une sacrée économie financière.
2• C'est un plaisir qui permet de se réconcilier avec la nourriture en prenant du temps pour soi.
3• C'est un moment de partage et d'échange avec ceux qu'on aime (famille, amis...). Et des rencontres au fil de la vie...

Macédoine de légumes *et sa fausse mayo*

PRÉPARATION : 15 min
CUISSON : 20 min
pour 4 personnes

- 4 petites pommes de terre charlotte
- 2 navets
- 4 carottes nouvelles
- 100 g de haricots verts frais
- 100 g de petits pois écossés
- 1 cuill. à soupe de ciboulette ciselée*
- sel et poivre du moulin

POUR LA MAYONNAISE

- 100 g de fromage blanc à 20 % de matières grasses
- 1 œuf dur écalé*
- 1 cuill. à café de moutarde forte

Épluchez les pommes de terre et les navets, grattez les carottes et équeutez les haricots verts. Rincez tous les légumes et coupez les pommes de terre, les navets et les carottes en brunoise*. Faites-les cuire séparément dans environ 2 l d'eau bouillante salée pendant 13 minutes pour les pommes de terre, 8 minutes pour les carottes et les navets. Faites cuire les haricots verts 10 minutes et les petits pois 5 minutes. Les légumes ne doivent pas être trop cuits et rester croquants.

Vérifiez leur cuisson, égouttez-les et rincez-les immédiatement à l'eau glacée. Coupez les haricots verts cuits en petits morceaux avec des ciseaux et mélangez tous les légumes dans un saladier.

Préparez la mayonnaise. Mixez le fromage blanc avec l'œuf dur et la moutarde. Salez, poivrez et versez cette sauce sur les légumes. Mélangez, parsemez de ciboulette et réservez au réfrigérateur jusqu'au moment de servir.

Clé minceur : consommer des légumes incognito.

Grâce à cette mayo ultra légère à base de fromage blanc, comptez seulement 70 kcal pour 100 g, contre 125 kcal pour une macédoine avec une mayonnaise classique.

REPÈRE TOP LIGHT

ÉQUILIBRE REPAS : pour le dessert, on fait revenir 2 belles tranches d'ananas dans 1 cuill. à café d'huile d'olive et un peu de jus de mandarine.

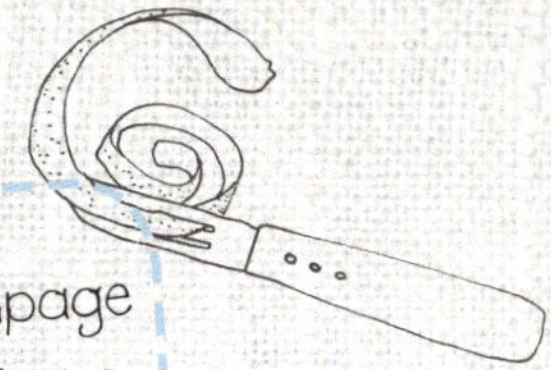

Pour l'épluchage et le découpage des légumes, je trouve toujours un commis dans la famille. !!

C'EST POUR MOI L'ENTRÉE IDÉALE QUI INTÈGRE EN DOUCE LES LÉGUMES dans un repas pour petits et grands. Cette entrée est complète : des féculents avec les petits pois, des légumes avec les carottes et les haricots verts, le laitage dans la mayonnaise et la protéine dans l'œuf.

SI, LE MIDI, VOUS N'AVEZ PAS LE TEMPS de préparer votre repas, cette salade apportera une bonne satiété comme plat complet.

ASTUCE DE CUISINIER

Cuire les légumes séparément permet de conserver leur saveur et leur goût intacts. Les rafraîchir à l'eau glacée stoppe net leur cuisson et préserve leur couleur.

DU + GRAS AU - GRAS

- Huile (olive, arachide, tournesol, colza...) : 100 % de M.G.
- Beurre et margarine : 80 % de M.G.
- Mayonnaise : 70 % de M.G.
- Purée d'oléagineux (tournesol, noix, noisette, sésame, amande, arachide...) : 65 % de M.G.
- Crème épaisse double : 60 % de M.G.
- Beurre allégé : 41 % de M.G.
- Crème fraîche entière : 35 % de M.G.
- Crème fraîche allégée : 4 %, 12 % ou 15 % de M.G.

... Salade frisée *aux pointes* ... *d'asperges* et œufs pochés

PRÉPARATION : 15 min
CUISSON : 10 à 15 min
pour 4 personnes

- 1 salade frisée
- 1 botte d'asperges vertes (12 à 15 asperges)
- 4 œufs frais
- 1 cuill. à café de vinaigre blanc
- sel et poivre du moulin

POUR LA VINAIGRETTE

- 4 cuill. à café d'huile de noix
- 1 cuill. à café de moutarde à l'ancienne
- 1 cuill. à soupe de vinaigre à l'échalote
- 3 cuill. à soupe de lait demi-écrémé

Pour une note colorée, j'ajoute de la betterave crue râpée dans ma salade.

REPÈRE TOP LIGHT

Moins d'huile, mais du lait dans la vinaigrette.

Épluchez, lavez et essorez la salade. Mettez-la dans un saladier.

Préparez la vinaigrette. Dans un bol, fouettez l'huile de noix avec la moutarde, le vinaigre à l'échalote et le lait. Rectifiez l'assaisonnement, arrosez la salade de cette vinaigrette et mélangez.

Coupez le pied des asperges, rincez-les et plongez-les dans un grand volume d'eau bouillante pendant 5 ou 6 minutes. Égouttez-les et rincez-les immédiatement à l'eau glacée.

Répartissez un lit de salade assaisonnée dans 4 assiettes et déposez 2 asperges dessus.

Faites frémir un grand volume d'eau dans une casserole avec 1 cuillerée à café de vinaigre blanc. Cassez 1 œuf dans une louche, formez un tourbillon dans la casserole en remuant avec une cuillère en bois et versez l'œuf doucement dans l'eau frémissante, au centre du tourbillon. Faites-le cuire 2 ou 3 minutes, puis sortez-le avec une écumoire. Réservez-le dans une assiette et procédez de la même façon pour les 3 autres œufs. Déposez les œufs tièdes dans les assiettes, sur la salade. Servez immédiatement.

ÉQUILIBRE REPAS : pour le dessert, roulez une banane dans du quinoa soufflé.

ASTUCE DE CUISINIER

Pour réussir l'œuf poché à coup sûr : eau frémissante (et non bouillante) + vinaigre blanc.

L'AVANTAGE DE CETTE SALADE, C'EST L'OBLIGATION DE LA MÂCHER : plus on mâche, plus le corps brûle d'énergie ! C'est mécanique, petit rappel : votre estomac n'a pas de dents. Quand on parle de la transformation des aliments, tout commence en fait dès qu'une bonne odeur vient vous chatouiller les narines ! On salive alors beaucoup plus, ce qui permet, en les mâchant, de bien imprégner les aliments des enzymes contenues dans la salive. Vous devez impérativement mâcher au moins une quinzaine de fois par bouchée.

... Rouleaux de printemps ...
aux crevettes

PRÉPARATION : 15 MIN
POUR 4 ROULEAUX

- 8 galettes de riz rondes
- 8 grosses crevettes
- 80 g de vermicelles de soja (facultatif)
- 2 carottes
- 1 petit concombre
- 1 poignée de pousses de soja
- 1 petit bouquet de menthe (ou de coriandre)
- 4 feuilles de laitue
- sauce soja

ÉQUILIBRE REPAS : pour le dessert, mettez un fruit coupé en morceaux dans du fromage blanc.

Versez de l'eau chaude dans un grand saladier et plongez-y les galettes de riz. Faites-les tremper pendant 30 secondes environ, jusqu'à ce qu'elles soient très molles. Égouttez-les et réservez-les sur un linge sec.

Faites bouillir 1 l d'eau, plongez les vermicelles hors du feu et laissez-les gonfler environ 5 minutes, puis égouttez-les et laissez-les refroidir.

Épluchez les carottes et le concombre, râpez les carottes et coupez le concombre en julienne*. Rincez les pousses de soja avec de l'eau bouillante (elles seront moins amères) et essuyez-les avec du papier absorbant.

Décortiquez les crevettes et coupez-les en deux dans l'épaisseur.

Superposez 2 galettes humides. Alignez 4 demi-crevettes au centre, ajoutez 3 feuilles de menthe et recouvrez de 1 feuille de salade et d'une poignée de vermicelles de soja. Rabattez les côtés de la galette vers le centre et roulez bien serré.

Ajoutez les bâtonnets de concombre set des carottes râpées, quelques pousses de soja, toujours en roulant fermement pour bien emprisonner la garniture. Couvrez avec un linge humide et poursuivez l'opération avec le reste des galettes. Réfrigérez les rouleaux jusqu'au moment de servir avec la sauce soja.

C'EST MON MENU CHOUCHOU DU DIMANCHE SOIR EN FAMILLE. POURQUOI ? Rien à faire, à part préparer différents ingrédients croquants, de la sauce pour nems achetée dans le commerce ou de la sauce crudités blanche pour varier les plaisirs. On se met à table, chacun son assiette, un grand saladier d'eau tiède au milieu pour tremper la feuille de riz, et on se prépare son rouleau de printemps. On garnit et on roule ! La vie est belle le dimanche soir !

Clé minceur : faire simple.

La sauce soja est très salée, attention à votre hypertension et à l'effet rétention d'eau sur la balance le lendemain. Pas d'affolement : rétention d'eau ne veut pas dire rétention de gras !

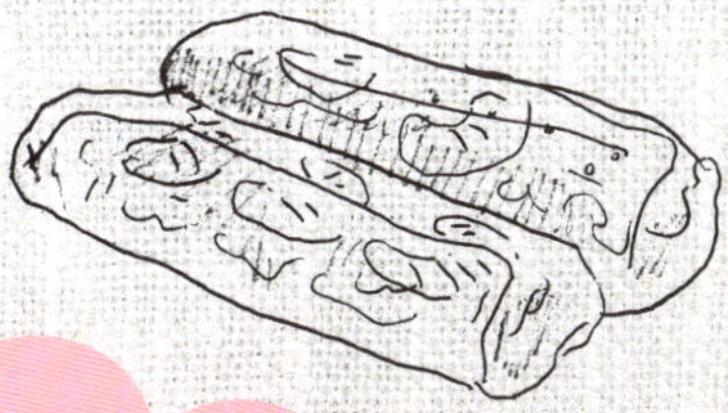

ASTUCE DE CUISINIER

Les carottes, on les râpe, c'est bien moins long que de les couper en petits bâtonnets !

Tourte en brick
aux épinards

PRÉPARATION : 10 MIN
CUISSON : 20 MIN
pour 4 personnes

- 6 feuilles de brick
- 500 g d'épinards frais
- 1 cube de bouillon de légumes
- 1 oignon
- 1 cuill. à café d'huile d'olive
- 1 cuill. à soupe de crème fraîche épaisse
- 2 œufs
- 10 g de pignons de pin ou d'amandes effilées (2 cuill. à soupe rases)
- poivre du moulin

200 g d'épinards cuits vous apportent la moitié de l'apport quotidien en vitamine C.

ÉQUILIBRE REPAS : pour le dessert, versez une compote sur votre yaourt.

Préchauffez le four à 210 °C (th. 7).

Lavez et essorez les épinards. Hachez-les grossièrement avec un couteau.

Faites chauffer une poêle antiadhésive et versez-y le cube de bouillon émietté et les épinards. Poivrez et faites chauffer 4 ou 5 minutes à feu moyen en remuant régulièrement avec une cuillère en bois. Lorsque les épinards sont fondus, laissez-les refroidir dans une passoire, afin de bien les égoutter.

Épluchez et émincez l'oignon. Faites-le dorer dans la même poêle avec l'huile d'olive pendant 2 minutes environ en remuant, jusqu'à ce qu'il soit translucide.

Tapissez un moule à tarte de papier sulfurisé. Déposez dessus les feuilles de brick en les superposant.

Mettez les épinards et l'oignon dans un saladier, mélangez avec une fourchette en ajoutant la crème et les œufs un par un, puis les pignons. La préparation doit être parfaitement homogène.

Répartissez le mélange d'épinards dans le moule, lissez la surface et repliez les bords des feuilles de brick sur la garniture. Enfournez pour 15 minutes.

J'AI LONGTEMPS DÉTESTÉ LES ÉPINARDS, CAR ILS ME RAPPELAIENT LA CANTINE DU LYCÉE (et c'est pareil pour la ratatouille !). Voilà, c'est dit. Plus tard, le régime draconien par excellence, où l'épinard est la base de la réussite, m'a carrément traumatisée. L'image que j'avais de ce légume vert était vraiment à restaurer, il y avait urgence ! Et le jour où j'ai goûté des épinards frais, alors là, j'en suis tombée à la renverse tellement j'ai aimé !

Vous ne deviendrez pas Popeye grâce à leur teneur en fer, mais les épinards seront un bon complément au fer contenu dans les viandes. Et si je vous dis qu'il compte parmi les légumes les moins énergétiques, alors là, vous serez conquis ! Il contient en effet beaucoup de fibres et d'eau et est très riche en vitamine C.

Proposez la tarte en version individuelle en pliant 1 feuille de brick en quatre pour chaque fond de tarte.

Proposez la tarte en version individuelle en pliant 1 feuille de brick en quatre pour chaque fond de tarte. !!

REPÈRE TOP LIGHT

La pâte à tarte est remplacée par des feuilles de brick superposées.

ASTUCE DE CUISINIER

Si les bords des feuilles de brick ont du mal à rester repliés sur la garniture, déposez dessus un disque de papier sulfurisé et une assiette retournée résistante à la chaleur, que vous retirerez après 4 minutes de cuisson.

En remplacement d'une pâte feuilletée, la feuille de brick est mon amie. Sorte de fine crêpe dentelle, je la cuis garnie au four ou à la poêle, alors que nous avons tous en tête sa cuisson dans de l'huile chaude. Cette idée est à bannir si vous souhaitez surveiller votre ligne !

... Salade *de pois gourmands* ...

PRÉPARATION : 10 MIN
CUISSON : 4 OU 5 MIN
pour 4 personnes

- 200 g de pois gourmands
- 1 petit concombre
- 150 g de maïs en conserve

POUR LA VINAIGRETTE
- 3 cuill. à café d'huile de chanvre bio
- 1 cuill. à café de vinaigre balsamique
- 1 cuill. à café de sauce soja
- 1 pincée de graines de sésame
- sel et poivre du moulin

Équeutez les pois gourmands, rincez-les et faites-les cuire 4 ou 5 minutes dans un grand volume d'eau bouillante. Égouttez-les et rincez-les à l'eau glacée. Laissez-les complètement refroidir.

Épluchez et coupez le concombre en tranches, puis égouttez le maïs.

Dans un saladier, mélangez le concombre, le maïs et les pois gourmands.

Préparez la vinaigrette. Dans un bol, fouettez l'huile de chanvre avec le vinaigre et la sauce soja. Arrosez la salade de vinaigrette, mélangez, rectifiez l'assaisonnement et parsemez de graines de sésame.

REPÈRE TOP LIGHT

La vinaigrette à l'huile de chanvre a une teneur équilibrée en acides gras essentiels (oméga-3 et oméga-6) qui est bénéfique.

ÉQUILIBRE REPAS : pour le dessert, parsemez un yaourt et un fruit de graines de chanvre, riches en protéines et au petit goût de noisette.

Tartines *aux tomates cerises* saveur moutarde

PRÉPARATION : 10 MIN
CUISSON : 13 MIN
pour 4 personnes

- 16 tomates cerises
- 4 grandes tranches de pain de seigle
- 2 cuill. à soupe de moutarde forte
- 70 g de coulis de tomate au naturel
- 2 cuill. à café de ricotta
- 1 cuill. à soupe de basilic ciselé
- sel et poivre du moulin

Préchauffez le four à 180 °C (th. 6).

Lavez les tomates et coupez-les en deux.

Tartinez les tranches de pain de moutarde. Recouvrez-les de coulis de tomate et d'1/2 cuillerée à café de ricotta. Déposez une tomate sur chacune et parsemez de basilic.

Assaisonnez les tartines et déposez-les sur la grille du four recouverte de papier sulfurisé. Faites cuire 13 minutes.

Servez immédiatement.

Astuce : Vous pouvez frotter les tartines avec de l'ail et de la tomate.

ÉQUILIBRE REPAS : ajoutez un mini-filet d'anchois coupé sur les tartines et prenez un fruit en dessert.

LORSQUE J'ACHÈTE DU PAIN TRANCHÉ, de seigle ou complet (de préférence bio), il m'arrive souvent de mettre plus de temps à le consommer et il devient un peu sec. Ma solution ? Des tartines salées en fonction de mes envies et du contenu de mon réfrigérateur, sachant que la base moutarde/tomate reste identique.

À DÉGUSTER AVEC LA PETITE SOUPE DE THYM DE JEANNE ET CLAUDE. Faites cuire du thym et de l'ail dans de l'eau pendant 10 minutes.

DEPUIS QUE NOUS AVONS SÉJOURNÉ AVEC CES DEUX CHARMANTS RETRAITÉS EN TUNISIE, ma vision de l'ail a changé. Je l'apprécie de plus en plus. Si vous les aviez entendus parler de cuisine, vous seriez aussitôt devenu fan du Sud-Ouest ! De la tomate, du bon pain grillé, de l'huile d'olive et surtout « de l'ail, de l'ail, de l'ail », avé ce petit accent si caractéristique !

ASTUCE DE CUISINIER

Pour une jolie présentation, mélangez différentes couleurs de tomates cerises : rouges, vertes et jaunes.

REPÈRE TOP LIGHT

Zéro matière grasse ajoutée et du pain de seigle pour son pouvoir rassasiant supérieur au pain blanc.

Risotto de coquillettes *aux 2 saumons*

PRÉPARATION : 15 MIN
CUISSON : 12 MIN
pour 4 personnes

- 150 g de saumon fumé
- 150 g de filet de saumon frais
- 300 g de coquillettes au blé complet crues
- 2 tiges de citronnelle
- 3 échalotes
- 2 cuill. à café d'huile d'olive
- 50 cl de bouillon de légumes chaud
- 1 cuill. à soupe de crème liquide à 15 % de matières grasses
- le jus de ½ citron
- sel et poivre du moulin

Vous pouvez aussi choisir la truite fumée, moins grasse, en remplacement du saumon fumé.

Coupez les saumons en fines lamelles et retirez les éventuelles arêtes.

Lavez et émincez la citronnelle, puis épluchez et émincez les échalotes.

Faites chauffer l'huile d'olive dans une poêle antiadhésive et versez-y les échalotes. Faites-les fondre à feu doux pendant 2 minutes, en remuant avec une cuillère en bois. Ajoutez les coquillettes crues et poursuivez la cuisson pendant 2 minutes en remuant.

Versez le bouillon progressivement, louche par louche, sans cesser de remuer, jusqu'à ce que les coquillettes soient cuites (comptez 6 minutes environ).

Ajoutez la crème, mélangez et incorporez le saumon et la citronnelle. Versez le jus de citron et poursuivez la cuisson pendant 2 minutes environ à feu doux, en remuant.

Rectifiez l'assaisonnement et servez immédiatement.

REPÈRE TOP LIGHT

Des coquillettes complètes pour leur apport en fibres.

POUR ALLÉGER AU MIEUX NATURELLEMENT VOTRE POISSON, FAVORISEZ LE SAUMON SAUVAGE. Dans la nature, le saumon sauvage remonte les courants, tandis que celui d'élevage prend des vacances, nourri et logé pour engraisser ! Si vous ne trouvez pas de saumon sauvage, orientez votre choix sur la queue du poisson, moins grasse et moins calorique.

ASTUCE DE CUISINIER

Demandez au poissonnier de retirer la peau du saumon frais et utilisez une pince à épiler pour retirer facilement les arêtes.

Fuyez le saumon orange fluo (trop de colorant), préférez-le pâlichon. Le poisson doit être couleur saumoné pâle.

Si vous ne trouvez pas de citronnelle, utilisez de l'huile d'olive au citron.

ÉQUILIBRE REPAS : prenez un supplément de légumes à feuilles vertes et un fruit en dessert.

Être seule en cuisine, ce n'est pas toujours drôle, alors créez-vous l'ambiance que vous aimez ! Quand je cuisine, c'est musique à fond, du coup, je me vois improviser des petits pas chorégraphiés, mon mixeur ou ma cuillère en bois à la main. Quand cette dernière ne fait pas office de micro !

... Couscous *au poulet* ...

PRÉPARATION : 15 MIN
CUISSON : 1 H 20
REPOS : 12 MIN
pour 4 personnes

- 1 poulet en morceaux
- 1 navet
- 5 carottes
- 1 oignon
- 2 courgettes
- 1 ½ cuill. à café d'épices à couscous
- 1 l de bouillon de volaille
- 2 cuill. à soupe de concentré de tomate
- 100 g de pois chiches en conserve
- 80 g de raisins secs (facultatif)
- 250 g de semoule fine précuite
- sel et poivre du moulin

☆ Pelez et rincez le navet, les carottes, l'oignon et les courgettes. Émincez* l'oignon et coupez les légumes en morceaux.

★ Retirez la peau des morceaux de poulet. Faites chauffer une sauteuse et déposez-y les morceaux de poulet. Mettez-les à dorer pendant 3 minutes sur chaque face, puis ajoutez les légumes.

☆ Mélangez, saupoudrez d'épices et ajoutez le bouillon, puis le concentré de tomate en remuant. Rectifiez l'assaisonnement, couvrez et faites cuire à feu doux pendant 1 heure.

★ Ajoutez les pois chiches égouttés et, si vous le souhaitez, les raisins. Poursuivez la cuisson pendant 15 minutes.

☆ Faites bouillir 25 cl d'eau salée. Versez la semoule dans un saladier et recouvrez-la d'eau bouillante. Mélangez immédiatement, couvrez et laissez reposer 12 minutes.

★ Mélangez vivement avec une fourchette pour égrainer la semoule, salez, poivrez et servez immédiatement avec la viande et les légumes.

REPÈRE TOP LIGHT

La peau du poulet est retirée, aucune matière grasse n'est ajoutée.

Clé minceur : ne pas se resservir.

QUAND ON VOUS DIT « COUSCOUS », VOUS FUYEZ ? Eh bien non, il ne faut pas ! Le couscous fait partie des plats traditionnels les plus complets. Certes, quand il est royal, la merguez et l'agneau font un peu mal, mais cette version va vous réconcilier avec ce plat. En outre, impossible d'avoir des envies de grignotage dans l'heure qui suit.

La peau étant un vrai repère de graisse, vous y gagnerez à faire la peau au poulet ! Je demande toujours à mon boucher de l'ôter, il a la bonne technique, alors qu'avec moi, c'est un combat de coqs ! !!

On désire toujours ce qu'on n'a pas, alors régalez-vous et ne vous privez pas ! Sinon vous serez frustré, et qui dit frustration, dit retour du bâton... Conséquence : craquage sur craquage. Nous connaissons tous cela... Ne vous laissez donc pas piéger.

Pizza *de saison*

PRÉPARATION : 15 MIN
REPOS : 1 H
CUISSON : 35 MIN
pour 4 personnes

- 4 cuill. à soupe de pulpe de tomate
- 2 poivrons jaunes
- 1 poivron vert
- 2 cuill. à café d'huile d'olive
- 5 gros champignons de Paris
- 100 g d'allumettes de bacon
- 8 tomates cerises
- 40 g de gruyère allégé râpé
- 1 cuill. à café d'origan
- sel et poivre du moulin

POUR LA PÂTE

- 8 cl de lait écrémé
- 1 cuill. à café de levure de boulanger
- 320 g de farine
- 1 pincée de sel
- 1 cuill. à café d'huile d'olive

Préchauffez le four à 180 °C (th. 6).

Préparez la pâte. Versez le lait dans un saladier, puis ajoutez la levure, la farine, le sel et l'huile d'olive. Pétrissez la pâte avec les mains, jusqu'à ce qu'elle soit lisse et élastique. Formez une boule et laissez-la reposer à température ambiante sous un linge sec pendant 1 heure.

Reprenez la pâte et pétrissez-la de nouveau sur le plan de travail. Étalez-la avec un rouleau sur une feuille de papier sulfurisé. Déposez-la sur une plaque à four et recouvrez-la de pulpe de tomate, en l'étalant avec le dos d'une cuillère à soupe.

Rincez les poivrons, coupez-les en deux afin de retirer le pédoncule* et les graines, puis émincez*-les finement. Faites chauffer l'huile d'olive dans une poêle antiadhésive et mettez-y les poivrons à cuire 10 minutes à couvert et à feu moyen, en remuant régulièrement. Répartissez-les ensuite uniformément sur la pâte.

Coupez le pied des champignons, rincez-les et séchez-les avec du papier absorbant. Émincez*-les et répartissez-les sur les poivrons. Ajoutez les allumettes de bacon, les tomates coupées en deux et parsemez de gruyère et d'origan. Salez, poivrez et enfournez pour 25 minutes.

REPÈRE TOP LIGHT

Une pâte maison allégée en matières grasses et une garniture moins riche en fromage. Comptez 400 kcal pour cette pizza de 300 g, contre 900 kcal pour une pizza napolitaine de 420 g.

LES 4 COMMANDEMENTS DU PIZZAÏOLO QUI SOMMEILLE EN VOUS :

1• On évite les 4 fromages.

2• On privilégie les légumes à mettre dessus en garniture.

3• On ne l'arrose pas d'huile, qu'elle soit d'olive ou épicée.

4• On finit le repas par un fruit.

Galettes de thon
aux flocons d'avoine

PRÉPARATION : 5 MIN
CUISSON : 8 MIN
pour 4 personnes

- 60 g de flocons d'avoine
- 100 g de thon au naturel en conserve
- 2 œufs
- 2 cuill. à soupe de crème fraîche à 15 % de matières grasses
- 1 cuill. à café de persil plat ciselé*
- 1 pincée de paprika
- sel et poivre du moulin

Fouettez les œufs en omelette dans un saladier. Ajoutez les flocons d'avoine, le thon égoutté et emietté, la crème, le persil et le paprika. Mélangez et rectifiez l'assaisonnement.

Déposez une feuille de cuisson* dans une poêle et répartissez 4 dômes de pâte avec une cuillère à soupe. Aplatissez-les avec le dos de la cuillère et faites-les cuire 4 minutes environ sur chaque face.

Dégustez ces galettes tièdes ou froides.

Remplacez la crème par de la ricotta.

ÉQUILIBRE REPAS : complétez avec une ratatouille et un fruit en dessert.

REPÈRE TOP LIGHT

Alliés minceur, les flocons d'avoine remplacent ici la pomme de terre.

Asperges
sauce mousseline

PRÉPARATION : 10 MIN
CUISSON : 5 OU 6 MIN
pour 4 personnes

- 1 botte d'asperges vertes

POUR LA SAUCE MOUSSELINE

- 100 g de fromage blanc à la crème fouettée (type Gervita®)
- 1 1/2 cuill. à café de moutarde
- 1 cuill. à soupe de jus de citron
- sel et poivre du moulin

Coupez le pied des asperges, rincez-les et plongez-les dans un grand volume d'eau bouillante pendant 5 ou 6 minutes.

Égouttez-les et rincez-les immédiatement à l'eau glacée. Réservez-les dans une passoire pendant la préparation de la sauce.

Préparez la sauce mousseline. Mélangez le fromage blanc avec la moutarde et le jus de citron. Assaisonnez et servez la sauce avec les asperges encore tièdes.

Clé minceur : manger à sa faim.

Faites cuire les asperges de préférence dans une casserole d'eau bouillante plutôt qu'en Cocotte-minute : la cuisson est ainsi plus facile à vérifier (il suffit de les piquer avec la pointe d'un couteau !). Ma découverte du siècle ? Quand les asperges sont cuites, elles tombent au fond de la casserole.

Asperge coulée = c'est prêt !

REPÈRE TOP LIGHT

Une sauce mousseline magique, sans beurre !

Mes galettes de thon aux flocons d'avoine

Mes asperges sauce mousseline

ASTUCE DE CUISINIER

Les asperges vertes doivent être soigneusement rincées tandis que les blanches, aux tiges fibreuses, doivent être pelées.

Papillotes *de dos de cabillaud au citron,* frites de patates douces

PRÉPARATION : 10 MIN
CUISSON : 50 MIN
pour 4 personnes

- 4 dos de cabillaud (de chacun 150 g environ)
- 1 cuill. à soupe de moutarde fine
- 8 tomates cerises
- le jus de 1 citron
- 1 branche de thym
- 4 patates douces
- 2 cuill. à café d'huile d'olive
- 1 1/2 cuill. à café d'herbes de Provence
- sel et poivre du moulin

Préchauffez le four à 210 °C (th. 7).

Coupez 4 rectangles de papier sulfurisé. Déposez les dos de cabillaud sur les feuilles et badigeonnez-les de moutarde à l'aide d'un pinceau.

Rincez les tomates, coupez-les en deux et répartissez-les sur les poissons. Versez un filet de jus de citron, parsemez de thym, rectifiez l'assaisonnement et refermez les papillotes.

Alignez les papillotes dans un plat à four et enfournez-les pour 25 à 30 minutes.

Pelez et rincez les patates douces. Coupez-les en frites, puis tapissez la lèchefrite du four de papier sulfurisé.

Versez les frites dans un sac à congélation, ajoutez l'huile d'olive et les herbes. Fermez le sac et secouez-le plusieurs fois afin que les frites soient enrobées. Répartissez-les ensuite sur la plaque sans qu'elles se chevauchent. Enfournez pour 25 minutes.

REPÈRE TOP LIGHT

Des frites préparées avec très peu de matières grasses grâce à un tour de main astucieux…

Clé minceur : choisir du poisson maigre.

ÉQUILIBRE REPAS : ajoutez une poêlée de légumes et finissez par un petit morceau de fromage de chèvre et un fruit.

POURQUOI LE DOS DE CABILLAUD ? Parce qu'il est plus ferme, plus compact et meilleur à mon goût. Et comme je veux vous réconcilier avec certains aliments, je me devais de vous présenter cette recette. Qui dit régime, pense poisson. Qui dit poisson et régime, dit cabillaud. Qui dit cabillaud, dit donc régime, poisson blanc vapeur, bouilli, nature… Stop ! Ne tournez pas la page, faites-moi confiance, apprenez à manger bon et laissez-vous guider par ce joli dos pour anticiper l'été.

... Riz *cantonais* ...

PRÉPARATION : 15 MIN
CUISSON : 20 MIN
pour 4 personnes

- 150 g de riz
- 1 oignon
- 2 tranches de jambon blanc
- 8 crevettes roses cuites
- 2 cuill. à café d'huile d'olive
- 130 g de petits pois frais écossés
- 1 œuf
- 2 cuill. à café de sauce soja
- sel et poivre du moulin

Faites cuire le riz dans un grand volume d'eau bouillante salée pendant 10 minutes. Égouttez-le et réservez-le.

Épluchez et émincez l'oignon. Coupez le jambon en petits morceaux. Décortiquez les crevettes et coupez-les en deux.

Faites chauffer l'huile d'olive dans une poêle antiadhésive. Faites dorer l'oignon 3 minutes à feu moyen en remuant. Ajoutez le jambon et les petits pois, versez 4 cuillerées à soupe d'eau, couvrez et poursuivez la cuisson à feu doux pendant 5 minutes.

Cassez l'œuf dans un bol et battez-le en omelette. Versez-le sur la garniture, dans la poêle, en remuant pendant 1 minute. Incorporez le riz, la sauce soja et les crevettes. Faites réchauffer en remuant pendant 2 minutes.

Du thym, de l'origan, du romarin... Le tout dans une boule à thé pour parfumer le riz lors de la cuisson, c'est magique et ça marche aussi pour la cuisson des légumes ou des pâtes !

Clé minceur : varier les protéines.

REPÈRE TOP LIGHT

Moins de matières grasses, mais de la sauce soja pour encore plus de saveurs !

ÉQUILIBRE REPAS : ajoutez quelques légumes et finissez par 20 g de fruits secs dans 100 g de faisselle.

Un bouquet de couleurs : rose, jaune, blanc, vert…

ASTUCE DE CUISINIER

Vous pouvez aussi préparer une omelette à part et la découper en petits morceaux avant de l'incorporer.

J'aime aussi cette recette avec du blé, je l'appelle alors blé cantonais !

Petits pois et carottes *à la ciboulette et au tofu*

PRÉPARATION : 10 MIN
CUISSON : 15 MIN
pour 4 personnes

- 2 carottes
- 800 g de petits pois frais écossés
- 6 oignons nouveaux
- 10 g de beurre
- 200 g de tofu fumé ferme
- 1 cuill. à soupe de ciboulette ciselée
- sel et poivre du moulin

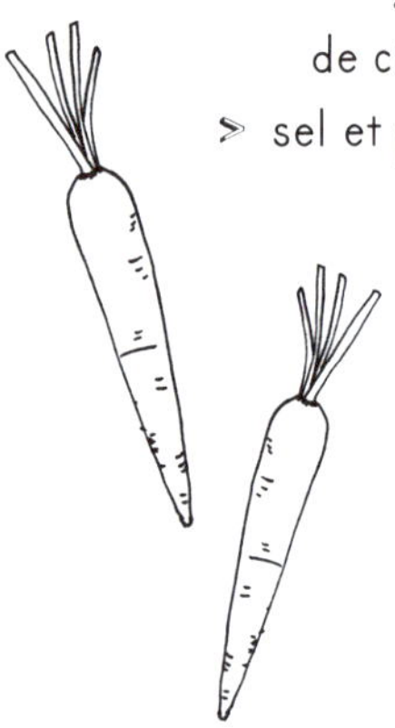

Pelez les carottes, rincez-les et coupez-les en rondelles.

Faites cuire les petits pois et les carottes dans un grand volume d'eau bouillante pendant 12 à 15 minutes, en remuant régulièrement.

Pelez et rincez les oignons. Coupez-les en deux.

Faites fondre le beurre dans une sauteuse. Lorsqu'il commence à roussir, versez les oignons et remuez pendant 2 minutes. Coupez le tofu en gros cubes et mélangez-les aux oignons à feu très doux pendant 3 minutes.

Égouttez les petits pois et les carottes, mélangez-les au tofu dans la sauteuse pendant 1 minute à feu doux, ajoutez la ciboulette et rectifiez l'assaisonnement.

Servez immédiatement.

Clé minceur : préserver ses muscles.

REPÈRE TOP LIGHT

Pauvre en graisses et très riche en protéines végétales, le tofu transforme ici ce traditionnel accompagnement en plat complet.

Le tofu est aussi appelé « fromage de tofu ». Il est d'origine chinoise, fabriqué à partir du caillage de lait de soja. Il compte environ 8,8 g de protéines pour 100 g. Le tofu existe aussi sous une forme plus molle (la texture rappelle celle d'un petit-suisse), appelé « tofu soyeux ». On l'utilise pour réaliser des glaces ou des crèmes aux fruits par exemple, dans lesquels il remplace aisément la crème, les œufs ou le lait.

Pourquoi cuisiner est un atout ?

- Vous mangerez plus sainement, avec moins de conservateurs, de sel et d'additifs.
- Le plat est beaucoup plus appétissant : miam, miam !
- Le goût des aliments frais est incomparable. Usez et abusez des produits frais, allez le matin sur les marchés, favorisez les aliments complets, les légumes secs.
- Financièrement, c'est plus économique. C'est la crise quand même !
- Vous en tirerez une grande fierté : c'est moi qui l'ai fait !

Et puis, c'est tellement bon de se régaler ! Envolés le stress et la déprime passagère... !!

ÉQUILIBRE REPAS : ajoutez 20 g de comté râpé au plat et terminez par un fruit frais.

Gratin de chou-fleur au bacon, sauce blanche au roquefort

PRÉPARATION : 15 MIN
CUISSON : 35 MIN
pour 4 personnes

- 1 chou-fleur
- 150 g d'allumettes de bacon
- 40 g de roquefort
- 40 g de fécule de maïs (8 cuill. à soupe rases)
- 60 cl de lait
- 1/2 cube de bouillon de légumes
- 1 pincée de noix de muscade
- sel et poivre du moulin

Si votre four est à chaleur tournante ou à air pulsé et si vous utilisez des plats en silicone, diminuez la température de 10 °C ou la durée de cuisson de 5 minutes.

Préchauffez le four à 210 °C (th. 7).

Retirez les feuilles vertes du chou-fleur, coupez le pied et détachez les bouquets. Rincez-les et faites-les cuire dans un grand volume d'eau bouillante salée pendant 15 minutes environ. Égouttez-les et répartissez-les dans un plat à gratin. Parsemez d'allumettes de bacon.

Dans un saladier, écrasez le roquefort avec une fourchette.

Versez la fécule dans une casserole et délayez-la progressivement avec le lait froid, en fouettant. Ajoutez le cube de bouillon émietté et faites chauffer à feu doux, sans cesser de remuer, pendant 3 ou 4 minutes, jusqu'à ce que la crème épaississe.

Rectifiez l'assaisonnement et ajoutez le roquefort hors du feu, en remuant, jusqu'à ce qu'il soit fondu.

Nappez le chou-fleur de sauce au roquefort, rectifiez l'assaisonnement et enfournez pour 15 minutes.

Clé minceur : arrêter de manger « vapeur ».

REPÈRE TOP LIGHT

Des allumettes de bacon remplacent les lardons traditionnels ; la sauce au lait sans matières grasses se substitue à la béchamel.

NATURE OU VAPEUR, UNE FOIS CUIT, LA DURÉE DE VIE DU CHOU-FLEUR EST DE 3 JOURS :

1ER JOUR : tiède ou chaud, il est délicieux !

2E JOUR : froid en salade, il fait son petit effet !

3E JOUR : le réfrigérateur commence à empester, au secours ! Le chou-fleur finit donc à la poubelle (ou au compost !).

J'AI FAIT ÇA PENDANT DES ANNÉES, jusqu'au jour où j'en ai eu assez de gaspiller. Alors maintenant, pour finir le chou-fleur en famille et pour le plus grand plaisir de tous, je le prépare en gratin.

LES TEMPÉRATURES DE CUISSON

Je ne sais pas pour vous, mais pendant des années, je n'ai utilisé mon four qu'à 180 °C (th. 6), ou 200 °C (th. 6-7) quand j'étais d'humeur aventurière. Je n'ai jamais vu l'intérêt des autres degrés de température. Et pourtant ! Suivez le guide :

- Braiser en cocotte ou en sauteuse : 90-220 °C.
- Sauter viande et légumes : 110 °C.
- Bouillir viande, poisson, légumes ou œufs : 90-110 °C.
- Frire, paner à l'huile : 170-220 °C.
- Rôtir : 180-250 °C.
- Légumes pour caviar et confits : 30-90 °C.
- Meringues, biscuits, macarons : 110-150 °C.
- Poissons : 150-180 °C.
- Viandes, pâtés, quiches, tartes, cakes... : 180-220 °C.
- Gratins, légumes farcis : 220-270 °C.

ASTUCE

Il faut multiplier par 30 le numéro du thermostat pour avoir la température. Ainsi, th.5 = 150 °C ou th. 7 = 210 °C. Une température peut être comprise entre deux thermostats. Par exemple : 170 °C = th. 5-6.

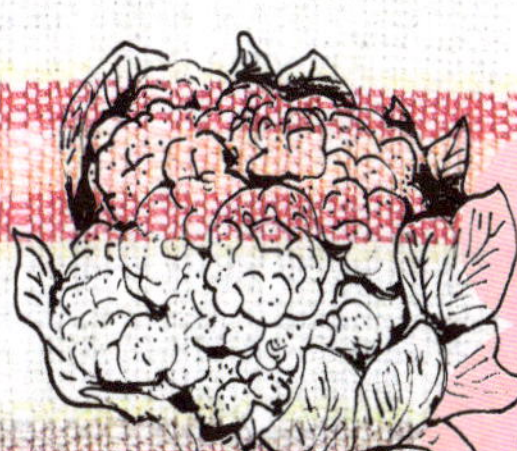

ASTUCE DE CUISINIER

Un croûton de pain rassis plongé dans l'eau de cuisson absorbera une partie de l'odeur du chou-fleur.

ÉQUILIBRE REPAS : terminez par un fruit.

Variations *autour* du fromage blanc, *le dessert zéro complexe*

PRÉPARATION : 10 MIN
pour 4 personnes

- 250 g de fromage blanc à 0 % de matières grasses
- $1\frac{1}{2}$ cuill. à café de vanille en poudre
- 200 g de compote de pomme en morceaux sans sucre ajouté
- 2 cuill. à soupe de miettes de spéculoos (ou de meringues écrasées)

Fromage blanc, vanille et spéculoos

Mélangez le fromage blanc avec la vanille. Répartissez-le dans 4 verrines, ajoutez la compote et saupoudrez de miettes de spéculoos.

PRÉPARATION : 10 MIN
pour 4 personnes

- 250 g de faisselle à 0 % de matières grasses
- 200 g de framboises fraîches
- 2 cuill. à soupe de flocons d'avoine
- 4 cuill. à café de fructose

Fromage blanc, framboise et flocons d'avoine

Mixez les framboises (conservez-en quelques-unes pour le décor) et répartissez le coulis au fond de 4 verrines. Recouvrez de flocons d'avoine. Fouettez la faisselle avec le fructose et ajoutez le mélange dans les verrines. Décorez avec les fruits réservés.

ASTUCE DE CUISINIER

Râpez le chocolat en utilisant un couteau Économe* !

PRÉPARATION : 10 MIN
pour 4 personnes

- 250 g de fromage blanc à 0 % de matières grasses
- 2 cuill. à soupe de chocolat noir râpé
- 1 cuill. à café de vanille en poudre
- 4 cuill. à café de sucre vanillé
- 4 biscuits à la cuillère

Fromage blanc, vanille et chocolat

Mélangez le fromage blanc avec le chocolat, la vanille et le sucre vanillé. Répartissez la crème dans 4 verrines et réservez-la au réfrigérateur pendant 30 minutes. Enfoncez un biscuit dans la préparation et servez immédiatement.

PRÉPARATION : 10 MIN
pour 4 personnes

- 250 g de fromage blanc à 0 % de matières grasses
- 6 litchis
- 2 cuill. à soupe de sirop de rose
- 1 goutte de colorant alimentaire rouge
- 4 cuill. à café de chocolat blanc râpé

Fromage blanc, litchi, rose et chocolat blanc

Épluchez les litchis, retirez le noyau et coupez-les en morceaux. Mixez-les avec le fromage blanc, le sirop de rose et le colorant. Versez la crème dans 4 verrines et saupoudrez de chocolat blanc râpé. Réservez au réfrigérateur jusqu'au moment de servir.

Vous avez le droit de détester le fromage blanc à 0 % de matières grasses. En revanche, évitez celui à 45 %, choisissez l'entre-deux.

REPÈRE TOP LIGHT

Très consommé lors des régimes, le fromage blanc peut aussi être sublimé et servir de base à des desserts 3 étoiles !

Fromage blanc, vanille et spéculoos
Fromage blanc, vanille et chocolat

Fromage blanc, framboise et flocons d'avoine
Fromage blanc, litchi, rose et chocolat blanc

... Salade de fruits *exotiques*, ...
saveur barbe à papa

PRÉPARATION : 15 MIN
RÉFRIGÉRATION : 2 H
pour 4 personnes

- 1 ananas victoria
- 1 mangue
- 1 papaye
- 1 banane
- 1 pomme granny smith
- le jus de 1/2 citron
- 8 litchis
- 2 fruits de la Passion
- 1 cuill. à soupe de sirop parfum barbe à papa

Pelez l'ananas, la mangue, la papaye, la banane et la pomme. Coupez-les en morceaux, mettez-les dans un saladier et arrosez-les de jus de citron.

Pelez les litchis, retirez le noyau et ajoutez-les aux fruits. Coupez les fruits de la Passion en deux et grattez la chair avec une cuillère à café au-dessus du saladier.

Mélangez, filmez et réservez au réfrigérateur pendant 2 heures.

Arrosez de sirop, mélangez et servez immédiatement.

Encore plus light, j'utilise du sirop de grenadine à 0 % de sucre ! On trouve désormais aussi du sirop light à la menthe, aux agrumes, à la framboise, à l'ananas-coco...

Clé minceur : utiliser du sirop à 0% de sucre. J'en mets même dans mon yaourt.

REPÈRE TOP LIGHT

On ose sans complexe une larme de sirop dans une salade de fruits frais, pour réveiller les papilles !

C'EST LE DESSERT QUE J'AIME APPORTER LORSQUE JE SUIS INVITÉE. Cela me permet de manger un peu moins de gâteau, voire de ne pas me resservir. Vous pouvez varier les saveurs : violette, grenadine, pomme d'amour (mon préféré, qu'est-ce que je suis fleur bleue !), ou vrai jus de citron avec menthe fraîche et fleurs comestibles.

Tarte fine *fraises-rhubarbe* (et sa pâte express)

PRÉPARATION : 15 MIN
CUISSON : 30 MIN
pour 4 personnes

- 125 g de compote pomme-fraises sans sucre ajouté
- 250 g de tiges de rhubarbe
- 20 g de fructose (5 cuill. à café)
- 500 g de fraises
- 1 sachet de sucre vanillé

POUR LA PÂTE

- 250 g de farine
- 1 cuill. à café de levure chimique
- 10 cl de crème liquide à 35 % de matières grasses
- 10 cl d'eau chaude
- 1 pincée de sel

Préchauffez le four à 180 °C (th. 6).

Préparez la pâte. Versez la farine, la levure, la crème, l'eau et le sel dans une boîte hermétique. Refermez la boîte et secouez-la énergiquement pendant 15 secondes. Sortez la pâte de la boîte, formez une boule et étalez-la avec un rouleau entre 2 feuilles de papier sulfurisé.

Tapissez un moule à tarte de papier sulfurisé. Étalez la pâte dans le moule en repliant les bords et nappez le fond de compote.

Pelez et rincez les tiges de rhubarbe, puis découpez-les en tronçons d'environ 2 cm. Mettez-les dans une casserole avec le fructose, recouvrez d'eau et laissez mijoter pendant 15 minutes à feu doux en remuant régulièrement.

Répartissez la rhubarbe cuite sur la compote et enfournez pour 15 minutes.

Équeutez les fraises, rincez-les, essuyez-les avec du papier absorbant et coupez-les en deux. Disposez les demi-fraises en corolle sur la tarte refroidie et saupoudrez de sucre vanillé.

REPÈRE TOP LIGHT

Une tarte parfaitement équilibrée et pauvre en sucres, avec du fructose, le sucre naturel des fruits.

Plutôt que de trop sucrer, on utilise des fruits, du jus de fruit, des sirops sans sucre, du fructose, des épices, des fruits secs, du sucre de coco ou encore du miel dans les pâtisseries. Cela apporte encore plus de goût.

QUAND J'AI MAIGRI IL Y A 20 ANS, LES FRUITS ÉTAIENT LIMITÉS dans ma consommation journalière à environ 200 g par jour, ce qui représente 1 grosse pomme, 2 clémentines ou 2 abricots. Le seul fruit qu'il m'était autorisé de consommer en plus grande quantité, c'était la rhubarbe (400 g par jour). J'ai donc appris à l'aimer. En compote, en feuilleté, en tarte... Si, comme moi, vous appréciez son côté acidulé, sortez votre tablier.

Œufs à la neige

PRÉPARATION : 15 MIN
CUISSON : 5 MIN
RÉFRIGÉRATION : 1 H
pour 4 personnes

- 3 œufs
- 2 cuill. à café de sirop d'agave
- 40 cl de lait demi-écrémé
- 1 gousse de vanille
- 2 cuill. à café de sucre glace
- 1 cuill. à café de caramel liquide

Vous pouvez préparer la crème anglaise la veille et la conserver au réfrigérateur dans une bouteille.

Clé minceur : se faire plaisir, sans frustration.

Séparez les jaunes d'œufs des blancs. Fouettez les jaunes avec le sirop d'agave dans un saladier et reservez les blancs dans un autre saladier.

Versez le lait dans une casserole. Fendez la gousse de vanille en deux, grattez les graines pour les mélanger au lait avec la gousse et portez à ébullition.

Retirez la gousse de vanille et versez le lait chaud progressivement sur les jaunes, sans cesser de fouetter. Reversez la crème obtenue dans la casserole et faites chauffer à feu très doux en remuant pendant 1 minute environ, jusqu'à ce que la crème épaississe. Versez-la alors dans un récipient froid et laissez-la complètement refroidir. Réservez au réfrigérateur pendant 1 heure au minimum.

Montez les blancs en neige. Lorsqu'ils sont fermes, incorporez petit à petit le sucre glace, sans cesser de fouetter.

Portez à ébullition une grande casserole d'eau. Prélevez des quenelles de blancs en neige avec deux cuillères à soupe et déposez-les dans l'eau frémissante. Faites-les cuire 2 minutes environ, puis retirez-les avec une écumoire. Laissez-les complètement refroidir.

Répartissez la crème anglaise dans 4 coupes, déposez les blancs en neige cuits, nappez de caramel et servez immédiatement.

PETITE CROISIÈRE SUR UNE ÎLE AUX SAVEURS DE VANILLE, AVEC VOLUME ET LÉGÈRETÉ.

Depuis des années, je parfume mon sucre roux avec une gousse de vanille ou des fleurs séchées de lavande. Je craque pour ces parfums délicats. Quand vous utilisez une gousse de vanille pour infuser du lait, ne la jetez pas. Séchez-la et glissez-la dans le sucre en poudre, elle a encore beaucoup de parfum à offrir !

Petit truc : si une recette demande 1 jaune d'œuf, surlignez le mot jaune en rose fluo ! Dernièrement, j'ai mis l'œuf entier... Oups !

ASTUCE DE CUISINIER

Versez le lait progressivement sur les jaunes pour éviter qu'ils cuisent.

Pour les œufs, je les choisis toujours bio ! Améliorons les conditions de vie des poules.

REPÈRE TOP LIGHT

Le sirop d'agave, édulcorant naturel, remplace facilement le sucre en poudre.

... Ananas *poêlé au miel* ...

PRÉPARATION : 10 MIN
CUISSON : 10 MIN
pour 4 personnes

- 1 ananas frais
- 1 cuill. à café de beurre
- 1 cuill. à soupe de miel liquide
- 1 cuill. à café de vanille en poudre

Pelez l'ananas et découpez-le en tranches de 5 mm d'épaisseur environ.

Faites fondre le beurre dans une grande poêle avec le miel. Mélangez et ajoutez les tranches d'ananas. Faites-les colorer à feu doux pendant 5 minutes sur chaque face.

Répartissez les tranches dans les assiettes, saupoudrez-les de vanille et servez immédiatement.

Si vous n'avez pas sous la main d'ananas frais, prenez-le en conserve, tranché, au naturel, sans sucre ajouté.

« À table », d'une voix claire, grâce au miel !

REPÈRE TOP LIGHT

Peu de matières grasses, mais du miel pour une sauce sirupeuse.

L'ananas est pauvre en calories, mais rien ne sert d'en avaler des tonnes car il ne vous fera pas fondre comme neige au soleil : il est certes riche en broméline, une enzyme miracle contre la cellulite, mais la coquine se cache dans la tige du fruit ! Dommage...

J'AI DÉCOUVERT L'ANANAS FLAMBÉ LORS D'UN REPAS DANS UNE ÉCOLE HÔTELIÈRE. Malgré le trac du serveur pendant la préparation de l'ananas flambé, ce fut une réussite et j'ai adoré le côté caramélisé. J'ai compris la pression sur ce jeune apprenti de 16 ans, car moi aussi, dans ma vie, j'ai raté plus d'une recette et, aujourd'hui encore, j'en apprends tous les jours.

Attention, pour un bon miel, il faut souvent y mettre le bon prix ! La plupart sont en effet coupés avec de l'eau. Optez pour un miel bio chez un producteur local, pour bénéficier au maximum de ses atouts santé.

... Tiramisu *aux fruits rouges* ...

PRÉPARATION : 10 MIN
RÉFRIGÉRATION : 4 H
pour 4 personnes

- 250 g de fruits rouges (fraises, framboises, groseilles...)
- 1 blanc d'œuf
- 220 g de ricotta
- 3 cuill. à soupe de sirop d'agave
- 1 pincée de vanille en poudre
- 20 cl de jus d'orange
- 12 biscuits à la cuillère
- 2 cuill. à café de cacao en poudre non sucré

Battez le blanc d'œuf en neige. Mélangez la ricotta dans un récipient avec le blanc en neige, le sirop d'agave et la vanille.

Retirez la queue des fruits, rincez-les et prélevez-en 2 cuillerées à soupe (20 g) pour les mixer avec le jus d'orange.

Trempez les biscuits dans le jus de fruits, coupez-les en deux et répartissez-les, debout, au fond de 4 coupes transparentes. Ajoutez une couche de fruits et étalez une couche de crème.

Réservez au réfrigérateur pendant 4 heures. saupoudrez de cacao juste avant de servir.

Clé minceur : contrôler son plaisir.

REPÈRE TOP LIGHT

Le mascarpone traditionnel laisse sa place à la ricotta. Un tiramisu classique apporte 270 kcal pour 100 g. Ici, comptez 160 kcal, soit 260 kcal pour une part de 165 g.

QUI N'A JAMAIS COMMANDÉ UN TIRAMISU APRÈS AVOIR ENGLOUTI UNE PIZZA, histoire de clôturer en beauté un repas au restaurant italien ? Équilibre alimentaire : 0/10. Plaisir gourmand : 10/10. Répercussion sur le poids : ne pas se peser pendant au moins 10 jours pour rattraper le coup ! Avec cette recette de tiramisu aux fruits rouges, je vais vous réconcilier avec l'angoisse des lendemains de fêtes et de défaites. Et ainsi allier équilibre et légèreté.

Je peux manger ce dessert ?
Un grand « OUI »
en majuscule !

Attention, ne confondez pas les biscuits à la cuillère et les boudoirs. On les trouve au même rayon, mais les premiers sont gros et moelleux, les seconds sont secs et croquants.

Été

J'ai pendant longtemps préféré le paréo au Bikini. Mais chuuuut, ça, c'était avant ! Aujourd'hui, mon été rime avec « bouger, bien manger et s'hydrater » : je me transforme en reine des marchés, je débusque la framboise, traque la tomate grappe, guette l'abricot bien sucré… N'ai-je pas mérité une bonne glace, après tout ça ?

... Céleri *rémoulight* ...

PRÉPARATION : 10 MIN
pour 4 personnes

- 1/2 boule de céleri-rave
- 100 g de fromage blanc à 0 % de matières grasses
- 2 cuill. à café de moutarde fine
- le jus de 1 citron
- 1 œuf dur
- sel et poivre du moulin

Pelez le céleri, rincez-le et râpez-le, puis réservez-le dans un saladier.

Versez le fromage blanc, la moutarde et le jus de citron dans le bol d'un blender. Écalez l'œuf dur, coupez-le en morceaux et ajoutez-les dans le blender. Rectifiez l'assaisonnement et mixez.

Versez la sauce sur le céleri, mélangez, filmez et réservez au réfrigérateur jusqu'au moment de servir.

La première fois que j'ai voulu faire du céleri rémoulade, j'ai acheté du céleri branche... Bridget Jones, sors de ce corps !

Clé minceur : être vigilant !

REPÈRE TOP LIGHT

« Cette fausse mayo » contient 0 % de matières grasses ! Du coup, comptez seulement 60 kcal pour 100 g de cette entrée, contre 140 kcal pour un céleri rémoulade classique.

CETTE ENTRÉE FUT LONGTEMPS LA PRÉFÉRÉE DE MON FILS, ANTHONY. À l'époque, j'étais en plein amaigrissement, la rémoulade était donc à bannir. Sachant que le plat que j'achetais chez le traiteur était plus riche en mayonnaise qu'en céleri, ni une ni deux, je me suis attelée en cuisine et j'ai inventé ma sauce. Le soir, au dîner, mon fils n'y a vu que du feu !

Il y a certains noms de plats qui devraient vous mettre la puce à l'oreille.

- Dans « **CÉLERI RÉMOULADE** », il y a « **RÉMOULADE** ». Retenir « **CÉLERI** » est une erreur !
- Dans « **RAVIOLIS VAPEUR** », retenez « **RAVIOLIS** » !
- Dans « **POISSON PANÉ** », retenez « **PANÉ** » !
- Dans « **SARDINES À L'HUILE** », retenez « **À HUILE** » !
- Dans « **FRUITS CONFITS** », retenez « **CONFITS** » !
- Dans « **PAIN D'ÉPICES** », retenez « **PAIN** » !
- Dans « **GAMBAS À LA MAYONNAISE** », retenez « **MAYONNAISE** » !
- Dans « **FRAISIER** », ne retenez pas « **FRAISE** », même si ce gâteau n'est pas le pire qui existe !

Tomates brocciu
façon tomate mozzarella

PRÉPARATION : 10 MIN
pour 4 personnes

- 5 tomates cœur de bœuf
- 200 g de brousse à 20 % de matières grasses
- 1 cuill. à café d'huile d'olive
- 1 cuill. à café de vinaigre balsamique
- 5 feuilles de basilic
- sel et poivre du moulin

Rincez et tranchez 4 tomates. Égouttez la brousse et coupez-la en tranches d'environ 5 mm d'épaisseur.

Répartissez les tranches de tomate et de brousse dans un plat en les faisant se chevaucher.

Coupez la tomate restante en morceaux. Dans le bol d'un mixeur, versez l'huile d'olive, le vinaigre, mettez les morceaux de tomate et 3 feuilles de basilic. Mixez et rectifiez l'assaisonnement.

Versez la vinaigrette en filet sur les tomates et le fromage, parsemez des feuilles de basilic et servez immédiatement.

« Ça sent le vécu » : attention aux doigts si vous utilisez un coupe-tomates !

Clé minceur : choisir du fromage frais.

REPÈRE TOP LIGHT

La vinaigrette à la tomate et au basilic, il fallait y penser !

ÉQUILIBRE REPAS : ajoutez un féculent et un fruit en dessert.

C'est une entrée fraîche et savoureuse, accompagnée de ma sauce express !

L'IDÉE DE CETTE ENTRÉE M'EST VENUE en m'apercevant que la mozzarella n'était pas toujours exceptionnelle au niveau du goût, sauf quand j'achète la plus réputée, la mozzarella di bufala. J'ai donc remplacé la mozzarella par de la brousse de fromage corse (brocciu).

Un régime équilibré ne doit jamais supprimer les matières grasses d'origine végétale, telles que les huiles et la margarine. Quand on souhaite faire attention à sa ligne, le but est de limiter leur consommation. Pour information, en phase d'amaigrissement, la dose conseillée de matière grasse végétale est d'environ 1 cuillerée à soupe par jour (pour tartiner, assaisonner et cuisiner).

On arrête donc d'abuser de la bouteille d'huile. Utilisez des sprays à remplir de plusieurs huiles différentes, ce qui permet des apports nutritionnels variés. L'idéal est de consommer ces huiles plutôt crues, car la cuisson altère leur qualité. Choisissez des huiles première pression à froid.

ASTUCE DE CUISINIER

Parfumez vos huiles en glissant une branche de thym ou de romarin dans la bouteille.

... Taboulé *au boulgour* ...

PRÉPARATION : 10 MIN
RÉFRIGÉRATION : 1 H
pour 4 personnes

- 50 g de boulgour fin
- 2 oignons nouveaux
- 4 tomates
- le jus de 1 citron
- 3 bouquets de persil plat
- 1 petit bouquet de menthe
- 2 cuill. à soupe d'huile d'olive
- sel et poivre du moulin

Rincez le boulgour à l'eau froide et séchez-le avec du papier absorbant. Versez-le dans un saladier.

Pelez et émincez les oignons, et répartissez-les sur le boulgour.

Épépinez les tomates et coupez-les en petits morceaux. Ajoutez-les au taboulé. Rectifiez l'assaisonnement, arrosez de jus de citron et mélangez.

Ciselez très finement le persil et la menthe, et ajoutez-les avec l'huile d'olive. Mélangez de nouveau, couvrez et réservez au réfrigérateur pendant 1 heure au minimum avant de servir.

Clé minceur : choisir du fromage frais.

ÉQUILIBRE REPAS : ajoutez une protéine et, en dessert, un fruit et un laitage.

CETTE SALADE EST UN DÉLICE, vite faite, fraîche et pleine de vitamines, elle est idéale pour l'été et les grosses chaleurs.

REPÈRE TOP LIGHT

Beaucoup d'herbes aromatiques qui apportent du goût et du parfum, sans rien peser sur la balance !

Petite variante : vous pouvez mixer un chou-fleur cru et mélanger les petits grains obtenus avec les autres ingrédients. C'est bluffant : ça a la couleur de la semoule, l'aspect de la semoule, mais ce n'est pas de la semoule !

ASTUCE DE CUISINIER

Le boulgour doit être rincé pour être attendri, mais surtout pas cuit. Il apporte ainsi une note croquante au taboulé.

Ne cherchez pas la semoule dans mon taboulé, il n'y en a pas !

... Salade de blé *et haricots verts*, version technicolor

PRÉPARATION : 10 MIN
CUISSON : 15 MIN
pour 4 personnes

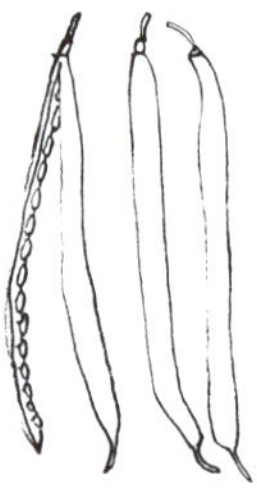

- 150 g de haricots verts frais
- 150 g de blé
- 2 échalotes
- 1 poivron jaune
- 1 cuill. à café d'huile d'olive
- 1 dose de safran
- 10 tomates cerises

POUR LA SAUCE

- 2 cuill. à café d'huile d'olive
- 1 cuill. à café de vinaigre de xérès
- 1 cuill. à café de moutarde à l'ancienne
- 1 cuill. à café de jus de citron
- sel et poivre du moulin

Équeutez les haricots verts, rincez-les et coupez-les en tronçons. Pelez et émincez les échalotes. Rincez le poivron, retirez le pédoncule et les graines, et coupez la chair en dés.

Faites chauffer l'huile d'olive dans une grande sauteuse et mettez à revenir les échalotes et le poivron pendant 5 minutes.

Versez le blé, les haricots verts, mélangez et couvrez d'eau. Ajoutez le safran, salez et laissez mijoter pendant 10 minutes environ en remuant régulièrement, jusqu'à ce que toute l'eau soit absorbée.

Versez le tout dans une passoire et laissez complètement refroidir.

Rincez les tomates, essuyez-les avec du papier absorbant et coupez-les en deux.

Préparez la sauce. Dans un saladier, mélangez l'huile d'olive, le vinaigre, la moutarde et le jus de citron. Ajoutez les légumes refroidis, les tomates, mélangez et rectifiez l'assaisonnement.

CE QUE J'AIME DANS LE BLÉ, C'EST SA TEXTURE EN BOUCHE PLUTÔT FERME. Pourtant, mon mari est toujours moqueur quand j'en prépare, car son aspect « graines de poule » le fait sourire. Expliquez-moi alors pourquoi, quand je fais cette recette, il ne reste rien pour le lendemain ? Et oui, le coq de la maison a tout mangé...

Clé minceur : varier le contenu de son assiette.

ÉQUILIBRE REPAS :
du chèvre frais avec
quelques fruits secs
en dessert.

Salade de roquette *et tuiles au parmesan*

PRÉPARATION : 10 MIN
CUISSON : 4 OU 5 MIN
pour 4 personnes

> 60 g de parmesan râpé
> 130 g de roquette
> 6 pétales de tomate séchée

POUR LA VINAIGRETTE
> 2 cuill. à café d'huile d'olive
> 1 cuill. à soupe de vinaigre balsamique blanc
> 1 cuill. à café de moutarde fine
> 1 cuill. à soupe d'eau gazeuse
sel et poivre du moulin

Préchauffez le four à 210 °C (th. 7).

Formez 4 petits dômes de parmesan râpé sur une feuille de cuisson, en les espaçant. Enfournez pour 4 ou 5 minutes, jusqu'à ce que les dômes de fromage soient complètement fondus. Laissez les tuiles tiédir avant de les décoller.

Mettez la roquette dans un saladier. Coupez les tomates séchées en petits morceaux.

Dans un bol, fouettez l'huile d'olive avec le vinaigre, la moutarde et l'eau gazeuse. Versez la vinaigrette sur la roquette, assaisonnez-la et répartissez-la dans 4 assiettes. Ajoutez les morceaux de tomates séchées et déposez une tuile de parmesan sur chaque assiette juste avant de servir.

REPÈRE TOP LIGHT

Une vinaigrette allongée avec de l'eau gazeuse (italienne, si vous le souhaitez) !

Clé minceur : ne pas négliger le calcium pour les os.

LE PARMESAN A LA PALME D'OR DES FROMAGES RICHES EN CALCIUM : 1 300 mg pour 100 g ! Donc, c'est simple, j'en mets partout.

QUAND MES ENFANTS ÉTAIENT PETITS, J'AI TOUT PARFUMÉ AU PARMESAN : salade verte, purée, pâtes, pommes de terre, haricots verts, courgettes, blettes, viandes, poissons, sauces… Partout ! À moi seule, j'ai certainement consommé un tiers de la production italienne…

J'EN AI USÉ ET ABUSÉ. C'est peut-être pour ça que mon fils mesure 1,90 m et ma fille 1,80 m. En revanche, aucun des deux ne parle italien, les seuls mots qu'ils connaissent sont *pizza quattro stagioni* !

ASTUCE DE CUISINIER

Avant la cuisson, ajoutez des épices ou du thym au parmesan pour obtenir des tuiles de fromage parfumées !

ÉQUILIBRE REPAS : dégustez avec une tranche de pain de campagne grillé et optez pour du melon en dessert.

Salade *César*

PRÉPARATION : 10 MIN
CUISSON : 10 MIN
pour 4 personnes

- 2 cœurs de laitue romaine
- 4 tranches épaisses de pain de seigle
- 12 aiguillettes de poulet
- 20 g de copeaux de parmesan

POUR LA SAUCE

- 2 gousses d'ail
- le jus de 1/2 citron
- 1 cuill. à café de moutarde
- 1 cuill. à café de sauce Worcestershire
- 1 petit-suisse à 0 % de matières grasses
- 2 cuill. à café d'huile d'olive
- sel et poivre du moulin

Préchauffez le four à 210 °C (th. 7).

Rincez et émincez les feuilles de salade, puis réservez-les dans un saladier.

Faites griller les tranches de pain au grille-pain et coupez-les en cubes.

Faites griller les aiguillettes de poulet à feu vif dans une poêle antiadhésive pendant 2 ou 3 minutes sur chaque face. Réservez-les dans une assiette afin qu'elles refroidissent.

Préparez la sauce. Pelez et écrasez les gousses d'ail. Placez-les dans le bol d'un mixeur avec le jus de citron, la moutarde, la sauce Worcestershire et le petit-suisse. Mixez lentement en ajoutant l'huile d'olive petit à petit, en filet. Rectifiez l'assaisonnement.

Servez la salade à l'assiette. Pour cela, disposez les feuilles de laitue, parsemez de copeaux de parmesan et de croûtons dorés, ajoutez 3 aiguillettes par assiette et nappez de sauce.

REPÈRE TOP LIGHT

Une sauce onctueuse grâce au petit-suisse, avec très peu d'huile.

Clé minceur : équilibrer ses repas.

D'OÙ VIENT CETTE SALADE SI DÉLICIEUSE ? De nos stars, Yves Montand et Romy Schneider, dans *César et Rosalie* ? Du célèbre amoureux de Cléopâtre qui en raffolait ?

EH BIEN NON… Il semble qu'elle tienne ses origines du côté d'un cuisinier italien, Caesar Cardini. Il inventa cette salade au Mexique en 1924 ! Depuis, elle a rencontré un succès fou aux États-Unis et a conquis le reste du monde.

Vous pouvez aussi remplacer la sauce Worcestershire par la même quantité de sauce soja, avec une goutte de Tabasco®.

ASTUCE DE CUISINIER

Faites cuire les aiguillettes de poulet sur la grille du barbecue pendant 10 minutes, en les retournant régulièrement.

Duo de gambas et crevettes *au lait de coco*

PRÉPARATION : 10 MIN
CUISSON : 7 MIN
pour 4 personnes

- 600 g de crevettes cuites décortiquées
- 4 gambas cuites décortiquées
- 1 citron vert
- 1 oignon
- 2 gousses d'ail
- 2 cuill. à café d'huile d'olive
- 1 tige de citronnelle (facultatif)
- 4 cuill. à soupe de lait de coco
- sel et poivre du moulin

Pressez le citron vert et versez le jus dans un saladier. Ajoutez les crevettes et les gambas, mélangez et réservez.

Pelez et émincez l'oignon et l'ail. Faites chauffer l'huile d'olive dans une sauteuse et mettez l'oignon et l'ail à dorer en remuant pendant 2 minutes. Incorporez les crevettes et les gambas citronnées et poursuivez la cuisson pendant 3 minutes en remuant.

Coupez les extrémités de la tige de citronnelle si vous en utilisez, pour ne conserver que le bulbe. Retirez la première peau et râpez le bulbe.

Versez le lait de coco dans la sauteuse, parsemez de citronnelle, rectifiez l'assaisonnement et faites chauffer à feu très doux pendant 2 minutes.

Le saviez-vous ?
Les crevettes deviennent roses à la cuisson.

Clé minceur : maintenir l'effort minceur le week-end.

REPÈRE TOP LIGHT

Préférez le lait de coco à la crème de coco qui est plus grasse.

ÉQUILIBRE REPAS : servez ce duo de crustacés avec un mélange de quinoa et de boulgour.

Le lait de coco existe aussi sous forme de galets surgelés.

ASTUCE DE CUISINIER

Congelez le reste de lait de coco dans des bacs à glaçons, pour en avoir des portions toujours à portée de main !

« Sur la plage abandonnée, coquillages et crustacés... » !!

Courgettes *farcies*

PRÉPARATION : 15 MIN
CUISSON : 50 À 55 MIN
pour 4 personnes

- 4 courgettes rondes
- 1 oignon
- 1 gousse d'ail
- 1 tomate
- 2 cuill. à café d'huile d'olive
- 250 g de steak haché à 5 % de matières grasses
- 1 œuf
- 2 cuill. à soupe de menthe ciselée
- sel et poivre du moulin

Elle peut aussi se manger crue, par exemple en base de toast pour l'apéritif !

Préchauffez le four à 200 °C (th. 6-7).

Rincez les courgettes. Coupez la partie supérieure (le chapeau) et creusez la chair avec une cuillère parisienne, sans percer la peau. Coupez la chair en dés et ôtez les graines.

Pelez et émincez l'oignon et l'ail. Rincez la tomate et coupez-la en petits dés.

Faites chauffer l'huile d'olive dans une poêle, puis mettez l'oignon et l'ail à suer pendant 3 minutes, en remuant régulièrement. Ajoutez les dés de courgette et de tomate, et remuez pendant 3 minutes. Incorporez la viande hachée, remuez avec une cuillère en bois à feu moyen pendant 10 minutes et laissez refroidir.

Cassez l'œuf dans un saladier, ajoutez la viande refroidie et la menthe, mélangez et rectifiez l'assaisonnement.

Versez 5 cuillerées à soupe d'eau au fond d'un plat à gratin.

Remplissez les cavités des courgettes de farce avec une cuillère à soupe, remettez les chapeaux et déposez-les dans le plat à gratin. Faites cuire pendant 35 à 40 minutes.

REPÈRE TOP LIGHT

La chair à saucisse traditionnelle est remplacée par du steak haché à 5 % de matières grasses.

Clé minceur : être gourmet et manger gourmand.

ASTUCE DE CUISINIER

Vous pouvez aussi choisir des courgettes longues. Rincez-les, supprimez l'extrémité, puis coupez-les en deux dans le sens de la longueur et creusez la chair avec une cuillère parisienne*.

ÉQUILIBRE REPAS : accompagnez les farcis d'un féculent et prenez une pêche mélangée à un petit-suisse et parsemée de cannelle en dessert.

LA PREMIÈRE FOIS QUE J'AI APPRÉCIÉ LA COURGETTE, de la famille des cucurbitacées (retenez-le, ça fait bien et ça peut servir !), c'était en gratin chez ma belle-mère Lilou. Que c'était BON !

Wraps fraîcheur
mimolette, jambon de dinde et laitue

PRÉPARATION : 15 MIN
CUISSON : 20 SECONDES
pour 4 personnes

- 4 tortillas de blé
- 4 fines tranches de mimolette
- 4 tranches de jambon de dinde
- 8 feuilles de laitue iceberg
- 1 cuill. à café de Tabasco® (facultatif)
- sel et poivre du moulin

POUR LA SAUCE
2 yaourts nature brassés à 0 % de matières grasses
- 2 cuill. à café d'huile d'olive
- 3 cuill. à soupe de ciboulette ciselée
- 3 carottes
- 1 courgette

Préparez la sauce. Mélangez les yaourts avec l'huile d'olive et la ciboulette, puis assaisonnez. Épluchez les carottes et la courgette, râpez-les et ajoutez-les à la sauce.

Empilez les tortillas sur une assiette et faites-les chauffer 20 secondes au micro-ondes.

Disposez sur chaque tortilla 1 tranche de mimolette, 1 tranche de jambon, 2 feuilles de salade et arrosez de 2 cuillerées à soupe de sauce. Versez quelques gouttes de Tabasco® et roulez les tortillas sur elles-mêmes.

Enveloppez-les dans du film alimentaire et réservez-les au réfrigérateur jusqu'au moment de les servir.

Clé minceur : gain de temps.

REPÈRE TOP LIGHT

Beaucoup de crudités et des protéines pour être rassasié.

ÉQUILIBRE REPAS : finissez par 2 abricots.

J'AIME LES RECETTES SANS CUISSON NI TROP DE PRÉPARATION. En été, rien de tel qu'un wrap : il suffit de garnir, enrouler et manger.

QUAND ON SAIT QUE « TO WRAP » EN ANGLAIS, SIGNIFIE ROULER, EMBALLER... Tout devient clair ! Les wraps sont donc des petits sandwiches roulés dans une tortilla que l'on peut garnir à sa guise : feuilles de salade, tranches de fromage, jambon, blanc de dinde, thon... Ou tartiner : fromage frais, guacamole...

Idée + pour l'apéro
Préparez vos wraps à l'avance, emballez-les dans du film étirable et réservez-les au frais. Au moment de servir, déballez vos wraps et coupez-les en tronçons en les maintenant avec un pic en bois. Succès et délices assuré !

Pain de poisson à la tomate et au basilic

PRÉPARATION : 15 MIN
CUISSON : 45 MIN
RÉFRIGÉRATION : 4 H
pour 4 personnes

- 600 g de filets de cabillaud frais (ou un autre poisson blanc)
- 1 kg de tomates
- 2 gousses d'ail
- 1 cuill. à café d'huile d'olive
- 4 œufs
- 1 bouquet de basilic

POUR LA SAUCE

- 10 cl de crème liquide à 15 % de matières grasses
- 1 cuill. à café bombée de moutarde à l'ancienne
- 1 cuill. à soupe de jus de citron
- sel et poivre du moulin

Clé minceur : choisir du pain sans féculent et très protéiné.

Préchauffez le four à 150 °C (th. 5).

Coupez les filets de poisson en morceaux avec des ciseaux.

Lavez les tomates et coupez-les en quartiers. Pelez et écrasez les gousses d'ail.

Mélangez les morceaux de tomate et l'ail dans une casserole, ajoutez l'huile d'olive, assaisonnez et faites chauffer à feu doux pendant 4 minutes en remuant.

Versez cette préparation dans le bol d'un mixeur avec les morceaux de poisson. Mixez, puis incorporez les œufs et le basilic. Mixez de nouveau, rectifiez l'assaisonnement et versez dans un moule à cake en silicone.

Déposez le moule à cake dans un plat à four rempli d'eau aux trois quarts et enfournez pour 40 minutes.

Laissez complètement refroidir le pain de poisson avant de le démouler et de le réserver au réfrigérateur pendant 4 heures au minimum.

Préparez la sauce. Dans un bol, mélangez la crème avec la moutarde, le jus de citron et assaisonnez. Filmez et réservez au réfrigérateur jusqu'au moment de servir.

LE BASILIC, appelé aussi « herbe royale » ou « pistou » (en provençal), a des propriétés anti-oxydantes (il est riche en vitamine C). Il soulagerait l'insomnie, le stress et la déprime. Bon, il faut quand même en consommer beaucoup pour constater ces bienfaits !

L'ODEUR DE CETTE PLANTE m'a toujours donné envie de cuisiner...

Je vous conseille d'acheter le basilic en pot. Placez-le près d'une fenêtre au soleil et pensez à l'arroser. Le basilic aime le soleil, mais aussi l'eau !

ASTUCE DE CUISINIER

Ce cake se congèle très bien : doublez les doses pour en congeler un à l'avance.

Les poissons blancs sont des poissons maigres. On peut donc en manger sans craindre une reprise de poids. Ils sont riches en protéines et très rassasiants.

Pour détruire les odeurs de poisson, faites brûler des zestes de citron.

… Brochettes *marinées* … *au bœuf et* poivrons grillés

PRÉPARATION : 15 MIN
CUISSON : 10 MIN
MARINADE : 45 MIN
pour 4 personnes

- 600 g de bœuf dégraissé
- 3 poivrons jaunes
- 6 gros champignons de Paris
- sel et poivre du moulin

POUR LA MARINADE

- 1 oignon
- 2 gousses d'ail
- 2 cuill. à soupe de jus de citron vert
- 1 cuill. à soupe de miel liquide
- 4 cuill. à soupe de sauce soja
- 1 branche de romarin
- 10 cl d'eau chaude

Préparez la marinade. Pelez et émincez l'oignon et l'ail. Versez-les dans un saladier avec le jus de citron vert, le miel, la sauce soja et le romarin. Ajoutez l'eau chaude, assaisonnez et mélangez.

Coupez la viande en cubes. Mettez-les dans la marinade, mélangez, filmez et réservez 45 minutes au minimum au réfrigérateur.

Rincez et coupez les poivrons en quatre, retirez le pédoncule et les graines. Retirez le pied des champignons, rincez-les et coupez-les en deux.

Sortez la viande de la marinade et enfilez les cubes sur des pics à brochettes en bois les alternant avec les champignons et les poivrons.

Déposez les brochettes sur la grille chaude du barbecue et faites-les cuire 10 minutes environ en les retournant régulièrement et en arrosant les brochettes deux fois de marinade.

ÉQUILIBRE REPAS : ajoutez quelques pommes de terre cuites en robe des champs et 1 cuill. à café d'huile de noisette, terminez par une salade de fruits.

LE BŒUF, JE L'AIME BIEN CUIT, mais si vous le préférez plutôt saignant, cette recette sera du coup encore plus rapide ! Un aller-retour, et c'est dans l'assiette : les brochettes sont cuites ! La marinade, quant à elle, apporte un petit plus si délicieux en bouche.

Une marinade de 1 heure attendrit la viande et lui donne des saveurs parfumées.

ASTUCE DE CUISINIER

Pour peler les poivrons, faites-les cuire entiers pendant 12 minutes sous le gril du four. Enfermez-les ensuite dans un sac hermétique jusqu'à ce qu'ils refroidissent et retirez la peau.

Risotto au pesto rouge
et chorizo

PRÉPARATION : 15 MIN

CUISSON : 20 MIN

- 150 g de riz à risotto cru
- 50 g de chorizo doux
- 2 cuill. à café bombées de pesto rouge
- 70 cl de bouillon de volaille
- 5 cuill. à soupe de coulis de tomate au naturel
- 2 oignons
- 2 cuill. à café d'huile d'olive
- sel et poivre du moulin

Versez le bouillon et le coulis de tomate dans une casserole, mélangez et portez à ébullition.

Pelez et émincez les oignons. Retirez la peau du chorizo et coupez-le en fines rondelles.

Faites chauffer l'huile d'olive dans une sauteuse, versez-y les oignons et faites-les suer pendant 5 minutes, en remuant régulièrement.

Ajoutez le riz, mélangez et versez le bouillon chaud, louche par louche, sans cesser de remuer, jusqu'à ce que le liquide soit absorbé.

Ajoutez le pesto rouge et les lamelles de chorizo, rectifiez l'assaisonnement, remuez à feu très doux quelques secondes et servez immédiatement.

Pour le risotto, choisissez du riz italien (arborio).

Clé minceur : régaler ses papilles !

Astuces « riz » : rincez le riz avant cuisson. Faites-le cuire dans un très grand volume d'eau (plus que les pâtes). Avant la fin de la cuisson, couvrez et arrêtez le feu (le riz aura ainsi plus de saveur). Enfin, si vous décidez d'acheter un cuiseur à riz électrique, je vous recommande le petit format, largement suffisant pour une famille de 5 personnes.

ÉQUILIBRE REPAS : ajoutez une crudité en entrée et un fruit en dessert.

SAVIEZ-VOUS QUE LE RISOTTO EXISTE DEPUIS FORT LONGTEMPS et que Stendhal en était très gourmand ? Et oui, l'auteur de *La Chartreuse de Parme, Le Rouge et le Noir* (c'était la minute culturelle !). mais, il n'y a pas que lui !

Je suis fan de paprika, souvent utilisé dans mon pays d'origine, la Croatie, ainsi que du chorizo, ma petite note espagnole du moment.

Il ne nous manque plus que les castagnettes pour ce plat originaire d'Italie du Nord. Qu'est-ce qu'on voyage avec ce livre de recettes…

N.B. : et pendant qu'on y est, le vrai nom de Stendhal, c'est Henri Beyle (vous êtes épaté, hein ?).

À la maison, on adore ce féculent. Mais on se perd dans le rayon parmi les nombreuses variétés existantes. Pour faire simple :

- Le riz blanc et parfumé (Jasmin, Basmati, originaire de Thaïlande, Camargue, Chine, Vietnam, Inde, Afrique…) se cuit dans un très grand volume d'eau bouillante.
- Les riz longs ne collent pas et les riz blancs sont généralement cuits en 10 minutes.
- Le riz complet, plus long à cuire, est riche en fibres, car il conserve son enveloppe. C'est un vrai coupe-faim que je recommande !
- Le riz rond est à préférer pour les desserts, comme le riz au lait.

Préparer un bouillon de volaille ? C'est tout simple : faites bouillir 1 l d'eau avec 1 cube de bouillon et mélangez jusqu'à complète dissolution du cube.

ASTUCE DE CUISINIER

Le bouillon chaud doit être incorporé petit à petit, au fur et à mesure qu'il est absorbé par le riz.

Filets de lotte *aux courgettes*

PRÉPARATION : 15 MIN
CUISSON : 15 MIN
pour 4 personnes

- 2 courgettes
- 4 morceaux de lotte (200 g environ chacun)
- 2 cuill. à café d'huile d'olive
- 15 cl de vin blanc sec
- 10 cl de crème liquide à 15 % de matières grasses
- 1 dose de safran
- 1 cuill. à café de cerfeuil ciselé
- sel et poivre du moulin

Le safran a des vertus antidéprime, c'est toujours ça de pris !

Rincez les courgettes, essuyez-les et coupez l'extrémité. Coupez-les en longues lanières dans le sens de la longueur avec un couteau Économe.

Débitez la lotte en morceaux et assaisonnez-les.

Faites chauffer l'huile d'olive dans une sauteuse et saisissez les morceaux de lotte quelques secondes sur chaque face, puis arrosez du vin blanc. Mélangez, versez 10 cl d'eau et ajoutez les tagliatelles de courgette. Faites cuire à feu moyen pendant 6 minutes, puis retirez le poisson et les tagliatelles avec une écumoire et réservez-les dans une assiette.

Faites réduire le liquide restant dans la sauteuse pendant 8 à 10 minutes, puis ajoutez la crème, le safran et le cerfeuil. Mélangez, rectifiez l'assaisonnement et incorporez le poisson et les tagliatelles. Remuez doucement à feu très doux pendant quelques minutes et servez immédiatement.

ÉQUILIBRE REPAS : accompagnez ce poisson d'un féculent et prenez quelques framboises en dessert.

Clé minceur : se réconcilier avec les aliments dits maigres.

LA LOTTE EST L'UN DE MES POISSONS PRÉFÉRÉS. Pourquoi ? La rareté de ses arêtes. Car lutter avec son morceau de poisson quand on n'a pas un cuisinier pour vous lever les filets, merci bien, je déteste ça !

Réconciliez-vous avec le poisson !

Avant, perdre du poids, c'était pour moi : régime, frustration permanente, tristesse des aliments vapeur et sans goût, rien à manger, aliments diabolisés, seule à table, vertiges, j'ai faim, je suis fatiguée, c'est dur, j'ai des envies incontrôlées, repas types, menus imposés, privation, nourriture bouillie...

Maintenant, c'est : équilibre alimentaire, plaisir, bonnes odeurs, couleur des aliments, apaisement, réconciliation avec la nourriture, qualité, goût, savoir prendre soin de soi, partage, satiété, super forme, vitalité, bien-être, amélioration de la santé, saveurs, épices, apprendre à réduire les quantités, choisir le meilleur, découverte, être curieuse, savoir cuisiner, mijoter, préparer, organiser, anticiper, faire ses courses, aller sur le marché...

Tatin de tomates *au romarin*

PRÉPARATION : 10 MIN
CUISSON : 40 MIN
pour 4 personnes

- 6 tomates
- 2 cuill. à café d'huile d'olive
- 3 cuill. à soupe de vinaigre balsamique (ou velours balsamique)
- 1 cuill. à café de cassonade
- 1 branche de romarin
- sel et poivre du moulin

POUR LA PÂTE

- 200 g de farine
- 1 œuf
- 100 g de fromage blanc à 0 % de matières grasses
- 1 cuill. à café de sel

Préchauffez le four à 180 °C (th. 6).

Préparez la pâte. Dans un saladier, mélangez la farine, l'œuf, le fromage blanc et le sel. Pétrissez la pâte avec les mains et formez une boule. Étalez-la avec un rouleau entre 2 feuilles de papier sulfurisé. Réservez-la.

Tapissez un moule à manqué de papier sulfurisé.

Rincez les tomates et coupez-les en deux. Dans une sauteuse, faites chauffer l'huile d'olive. Saisissez les tomates à feu vif pendant 3 minutes. Déglacez avec le vinaigre et saupoudrez le jus de cassonade. Secouez la sauteuse, réduisez le feu et laissez mijoter pendant 5 minutes environ, en retournant les tomates régulièrement avec une cuillère en bois, sans les écraser.

Répartissez les tomates cuites au fond du moule (face bombée au contact du moule). Assaisonnez et parsemez de romarin.

Déposez la pâte sur les tomates en repliant bien les bords. Enfournez pour 25 à 30 minutes et démoulez sur un plat de service.

Pour éviter qu'une sauce tomate ne soit trop acide, ajoutez une carotte entière pendant la cuisson.

REPÈRE TOP LIGHT

Une pâte maison, sans beurre ni huile.

Clé minceur : consommer des tartes sans complexe.

ÉQUILIBRE REPAS : prenez un fruit en dessert.

La tomate crue apporte de l'acidité à votre organisme, mais, une fois cuite, elle est riche en antioxydants (ces petites choses aident à paraître plus jeune et à devenir plus mince !).

… Moules *à la marinière* …

PRÉPARATION : 10 MIN
CUISSON : 10 MIN
pour 4 personnes

- 2 l de moules
- 2 échalotes
- 8 cuill. à soupe de vin blanc sec
- 1 bouquet garni
- 1 petit bouquet de persil plat
- sel et poivre du moulin

Grattez et rincez les moules en éliminant les coquilles ouvertes et cassées.

Pelez et hachez finement les échalotes. Mettez-les dans une cocotte avec le vin blanc et le bouquet garni. Portez le mélange à ébullition pendant 3 minutes.

Ajoutez les moules et poursuivez la cuisson pendant 7 minutes environ, sans cesser de remuer. Les moules sont cuites lorsqu'elles sont toutes ouvertes. Éliminez celles restées fermées.

Rectifiez l'assaisonnement, parsemez de persil ciselé et servez immédiatement.

Clé minceur : penser au visuel volumineux, mais au plat léger.

REPÈRE TOP LIGHT

Sans matières grasses, les moules à la marinière sont de vraies alliées minceur !

ELLES ME FONT TOUJOURS PENSER AUX VACANCES EN BORD DE MER… Je ferme les yeux et je suis en Normandie, à Dieppe ou à Trouville, en Bretagne, à Saint-Malo, Saint-Cast ou Roscoff.

Alors, pour se faire une petite soirée détente et air marin, quoi de mieux qu'une marmite de moules ! C'est le seul repas où il y a, en poids, plus de coquilles que de moules à manger.

ASTUCE DE CUISINIER

Si je n'ai ni bouquet garni, ni persil, je les remplace tout simplement par un Carré frais® ail et fines herbes à 0 % de matières grasses.

Poulet *basquaise*

PRÉPARATION : 15 MIN
CUISSON : 35 MIN
pour 4 personnes

- 4 cuisses de poulet
- 2 poivrons jaunes
- 1 poivron rouge
- 2 oignons
- 2 gousses d'ail
- 2 cuill. à café d'huile d'olive
- 500 g environ de tomates concassées en conserve
- 15 cl de vin blanc sec
- 1 pincée de piment d'Espelette
- sel et poivre du moulin

Rincez les poivrons, coupez-les en deux, retirez le pédoncule et les graines, puis taillez la chair en lanières. Pelez les oignons, l'ail, et hachez-les finement.

Retirez la peau du poulet.

Faites chauffer l'huile d'olive dans une sauteuse, ajoutez les oignons et l'ail. Remuez jusqu'à ce qu'ils deviennent translucides, puis ajoutez le poulet. Saisissez-le 2 minutes sur chaque face, puis incorporez les tomates et les poivrons. Mélangez, versez le vin blanc et saupoudrez de piment d'Espelette.

Rectifiez l'assaisonnement et faites cuire à feu doux et à couvert pendant 30 minutes.

Remplacez les cuisses de poulet par 4 escalopes coupées en 3.

Clé minceur : mettre de la couleur dans son assiette.

REPÈRE TOP LIGHT

Du poulet oui, mais sans la peau !

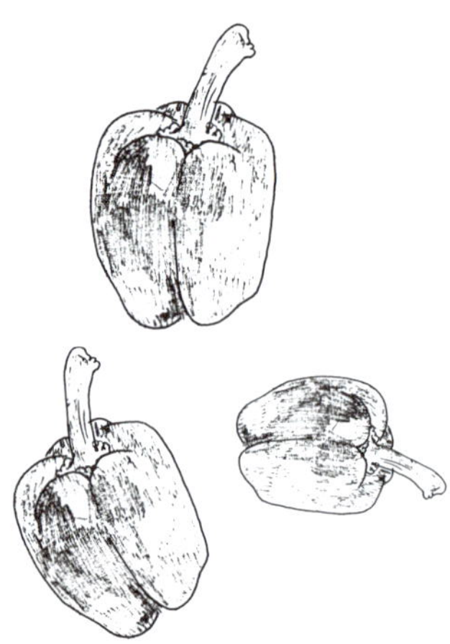

ÉQUILIBRE REPAS :
on ajoute un féculent,
et en dessert,
un yaourt et un fruit.

Poivron vert, jaune et rouge, cru ou cuit, c'est un légume riche en vitamine C. Et riche en eau. Croquant, confit, à la poêle, au four, il mettra de la couleur dans vos plats. Marié avec le poulet, vous pourrez éventuellement y ajouter une sauce piquante. Que du bonheur !

Cheeseburgers végétariens *au tofu*

PRÉPARATION : 15 MIN
CUISSON : 3 MIN
pour 4 personnes

- 300 g de tofu fumé ferme
- 8 petites tranches de cheddar
- 1 cuill. à café d'huile d'olive
- 4 petits pains de seigle ou complets
- 3 cuill. à soupe de fromage blanc à 0 % de matières grasses
- 2 cuill. à café de moutarde
- 1 cuill. à soupe de thym
- 80 g de mesclun
- sel et poivre du moulin

Préchauffez le barbecue à la puissance maximale.

Coupez 12 tranches carrées de la même taille dans le bloc de tofu.

Superposez les tranches de tofu par trois, en insérant 1 tranche de cheddar entre 2 tranches de tofu. Maintenez les pavés avec des cure-dents, puis huilez-les avec un pinceau et assaisonnez-les.

Déposez les pavés de fromage et de tofu sur la grille du barbecue et faites-les cuire 3 minutes environ, en les retournant régulièrement.

Coupez les petits pains en deux et passez-les au grille-pain. Mélangez le fromage blanc avec la moutarde et le thym, et tartinez la moitié de chaque pain grillé. Déposez les pavés en retirant les cure-dents, garnissez de mesclun et refermez avec l'autre moitié du pain.

REPÈRE TOP LIGHT

Le tofu remplace parfaitement la viande de bœuf, le gras en moins ! Le cheeseburger classique apporte 450 kcal. Comptez 100 kcal de moins pour ce cheeseburger végétarien de 200 g.

Clé minceur : diminuer les matières grasses animales.

MA FILLE EMMA EST VÉGÉTARIENNE PAR AMOUR DES ANIMAUX. Lorsque je prépare des cheeseburgers traditionnels pour la famille, je fais celui-ci pour mon Emma. Ainsi, personne n'en est privé, et le résultat est parfait. De l'originalité, rapide et facile à préparer, sain (sans cholestérol)… Vous ne connaissez pas le tofu ? Eh bien, essayez !

Le cheddar est un fromage anglais du Somerset de couleur orangé utilisé dans la préparation du welsh.

Petite variante : pain de mie complet ou pain complet à muffin, tranche épaisse de tomate fraîche, tranche de mozzarella, feuille de salade, moutarde et ketchup. Faites chauffer la tomate et la mozzarella à la poêle avant de les mettre dans le pain toasté.

Moussaka

PRÉPARATION : 15 MIN
DÉGORGEMENT : 30 MIN
CUISSON : 1 H 20
pour 4 personnes

- 3 aubergines (20 tranches environ)
- 2 cuill à café de sel
- 4 pommes de terre moyennes
- 2 oignons
- 2 gousses d'ail
- 2 cuill. à café d'huile d'olive
- 500 g de steak haché à 5 % de matières grasses
- 50 cl de sauce tomate en brique au naturel
- 2 cuill. à soupe de concentré de tomate
- 2 cuill. à soupe d'herbes fraîches ciselées (persil plat, basilic...)

POUR LA SAUCE BLANCHE

- 40 g de fécule de maïs
- 50 cl de lait demi-écrémé
- 30 g de feta allégée émiettée
- sel et poivre du moulin

Rincez les aubergines, coupez l'extrémité et tranchez-les dans le sens de la longueur, sans les éplucher. Mettez-les dans une passoire, saupoudrez-les de sel et laissez-les dégorger 30 minutes. Essuyez-les avec du papier absorbant.

Pelez, rincez et tranchez les pommes de terre.

Disposez les tranches d'aubergines et les rondelles de pommes de terre sur une plaque recouverte de papier sulfurisé. Glissez au four sous le gril pendant 10 minutes pour les précuire, jusqu'à ce que les tranches de légumes soient dorées.

Cette technique permet d'assécher les aubergines qui sont naturellement des éponges ayant tendance à absorber le gras lors de la cuisson.

Épluchez et émincez les oignons et l'ail.

Faites chauffer l'huile d'olive dans une sauteuse et mettez les oignons et l'ail à suer pendant 3 minutes. Ajoutez la viande hachée, mélangez et laissez dorer quelques minutes, puis versez la sauce tomate, le concentré de tomate et les herbes. Laissez mijoter à couvert pendant 25 minutes, afin que la sauce épaississe.

REPÈRE TOP LIGHT

Une béchamel remplacée par une sauce blanche, sans matières grasses.

Évitez de trop saler la sauce, les aubergines le sont déjà !

★ Préchauffez le four à 210 °C (th. 7).

★ Préparez la sauce blanche. Versez la fécule dans une casserole et ajoutez le lait progressivement en fouettant. Rectifiez l'assaisonnement et faites chauffer à feu doux, sans cesser de fouetter, jusqu'à ce que la sauce épaississe.

★ Déposez la moitié des tranches de légumes au fond d'un plat à gratin. Recouvrez de sauce à la viande, puis du reste de légumes. Nappez de sauce blanche, parsemez de feta émiettée et faites cuire 45 minutes.

ÉQUILIBRE REPAS : terminez le repas par un fruit.

Clé minceur : consommer des légumes régulièrement.

Si vous avez comme moi une fille végétarienne, remplacez la viande hachée par 4 carrés de fromage frais à 0% de matières grasses.

ARROSEZ TOUJOURS LES AUBERGINES D'HUILE D'OLIVE, parsemez-les d'épices, d'aromates… Fuyez les aubergines à la vapeur nature !

ASTUCE DE CUISINIER

Recouvrez la moussaka d'une feuille de papier aluminium après 20 minutes de cuisson afin qu'elle ne se dessèche pas.

... Cake chèvre *et tomates* ...

PRÉPARATION : 10 MIN
CUISSON : 45 MIN
pour 4 personnes

- 40 g de chèvre frais
- 6 tomates séchées
- 150 g de farine
- 1 sachet de levure chimique
- 4 œufs
- 1 yaourt nature au lait de brebis
- 10 cl de lait demi-écrémé
- 2 cuill. à soupe de concentré de tomate
- sel et poivre du moulin

Préchauffez le four à 180 °C (th. 6).

Écrasez le chèvre avec une fourchette.

Tamisez la farine avec la levure et creusez un puits, puis cassez-y les œufs et fouettez le mélange. Ajoutez le yaourt et mélangez de nouveau en versant le lait progressivement, afin que la préparation soit lisse et homogène.

Incorporez le concentré de tomate et les tomates séchées coupées en petits morceaux. Rectifiez l'assaisonnement et versez la pâte dans un moule à cake tapissé de papier sulfurisé s'il n'est pas en silicone.

Enfournez pour 45 minutes et laissez refroidir avant de démouler.

ÉQUILIBRE REPAS : mangez avec 2 figues fraîches en dessert.

Clé minceur : choisir les fromages frais, car ils sont maigres.

REPÈRE TOP LIGHT

Un yaourt nature brassé remplace l'huile, du moelleux assuré !

Bon à savoir : les moules en silicone ne nécessitent aucun graissage pour un démoulage net. Si vous utilisez un moule en verre ou en Téflon®, tapissez-le au préalable de papier sulfurisé.

VOUS AIMEZ LE FROMAGE DE CHÈVRE ET LES TOMATES ? Je vous invite à les marier en toute occasion (apéritif, pique-nique, entrée, plat…).

ASTUCE DE CUISINIER

Remplissez le moule aux trois quarts, car la pâte va gonfler ! Vérifiez la cuisson en plantant la lame d'un couteau dans le cake : elle doit ressortir sèche.

Le saviez-vous ? Le lait de brebis contient 2 fois plus de minéraux (calcium, phosphore…) que le lait de vache ! Les yaourts au lait de brebis sont aussi plus digestes et mieux tolérés par l'organisme. Ils représentent également une alternative pour les personnes intolérantes au lait de vache.

Tajine de poulet *aux olives*

PRÉPARATION : 15 MIN
CUISSON : 45 MIN
pour 6 personnes

- 4 cuisses de poulet
- 120 g d'olives vertes dénoyautées
- 1 cuill. à café d'huile d'olive
- 2 oignons
- 2 étoiles de badiane
- 1 pincée de safran
- 1 cuill. à café de cannelle en poudre
- 2 pincées de ras el-hanout
- 1 cuill. à soupe de miel liquide
- sel et poivre du moulin

Retirez la peau des cuisses de poulet.

Faites chauffer l'huile d'olive dans une cocotte. Saisissez les morceaux de poulet en les retournant régulièrement, jusqu'à ce qu'ils soient dorés.

Épluchez et émincez les oignons. Faites-les revenir avec le poulet pendant 3 minutes en remuant, puis incorporez les épices et le miel. Salez et poivrez.

Mélangez de nouveau, mouillez avec 30 cl d'eau et poursuivez la cuisson à couvert et à feu doux pendant 25 minutes.

Ajoutez les olives et poursuivez la cuisson pendant 15 minutes à couvert.

Clé minceur : ne pas craindre les plats en sauce.

Le saviez-vous ? Les épices traditionnellement utilisées dans les tajines sont le cumin, le safran, le gingembre, le paprika, la coriandre en graines, la cardamome, les baies roses, l'anis étoilé, les clous de girofle et le poivre noir.

REPÈRE TOP LIGHT

On retire la peau du poulet avant de le cuire.

CE PETIT GOÛT D'OLIVE ? Vous m'en direz des nouvelles !

D'OÙ VIENNENT LES BONNES OLIVES ? Cherchez le soleil ! Grèce, Italie, sud de la France, Tunisie, Maroc…

ÉQUILIBRE REPAS : ajoutez une crudité en entrée, deux pommes de terre en accompagnement et un fruit en dessert.

ASTUCE DE CUISINIER

Le tajine peut être préparé la veille, car ce plat est encore meilleur réchauffé !

... Panna cotta *aux abricots* ...

PRÉPARATION : 10 MIN
CUISSON : 15 MIN
RÉFRIGÉRATION : 2 H
pour 4 personnes

- 300 g d'abricots frais
- 1 pincée de vanille en poudre
- 25 cl de lait demi-écrémé
- 25 cl de crème liquide à 15 % de matières grasses
- 1 cuill. à soupe de miel liquide
- 2 g d'agar-agar

Clé minceur : préférer la qualité à la quantité.

Rincez les abricots, coupez-les en deux sans les essuyer, retirez le noyau et mettez-les dans une casserole avec la vanille et 2 cuillerées à soupe d'eau. Faites-les chauffer à feu doux pendant 10 minutes environ en remuant régulièrement.

Versez la compote obtenue dans un petit saladier et laissez-la refroidir.

Mélangez le lait, la crème et le miel dans une casserole. Faites chauffer à feu doux et ajoutez l'agar-agar dès les premiers bouillons. Fouettez en prolongeant la cuisson de 2 minutes, puis répartissez dans 4 verrines.

Laissez complètement refroidir et réservez au réfrigérateur pendant 2 heures au minimum. Nappez les crèmes de compote d'abricots juste avant de servir.

L'ABRICOT ME CONVIENT SOUS TOUTES SES FORMES : frais, sec, en jus… Je ne l'aime pas, je l'adore !

POURQUOI L'AGAR-AGAR ? Tout simplement parce que c'est un gélifiant d'origine végétale très facile à utiliser. À la maison, ces petits sachets à base d'algues sont stockés et utilisés régulièrement par ma fille qui est végétarienne.

REPÈRE TOP LIGHT

Du lait demi-écrémé et de la crème liquide allégée pour un dessert léger.

De quelle couleur sont vos abricots secs ? Orange fluo ou marron brun ? L'abricot orange fluo se conserve 5 ans en restant moelleux et coloré. Il a été séché au four et arrosé pendant 12 heures avec un additif alimentaire, le dioxyde de soufre. L'abricot brun fait bronzette intégrale, avec un séchage naturel au soleil. D'où sa bonne teneur en magnésium.

Charlotte *aux nectarines*

PRÉPARATION : 15 MIN
RÉFRIGÉRATION : 6 H
pour 4 à 6 personnes

- 500 g de nectarines bien mûres
- 2 g d'agar-agar
- 350 g de fromage blanc à 0 % de matières grasses
- 50 g de fructose (4 cuill. à soupe)
- 1 cuill. à café de vanille en poudre
- 20 biscuits à la cuillère
- 10 cl de lait écrémé

Réservez 2 nectarines, pelez les autres et coupez-les en petits morceaux. Mettez-les dans une casserole avec 2 cuillerées à soupe d'eau et laissez-les compoter à feu doux pendant 10 minutes environ, en remuant régulièrement.

Mixez les fruits cuits chauds en compote fine et faites-les de nouveau chauffer avec l'agar-agar, en mélangeant, pendant 2 minutes.

Fouettez le fromage blanc avec le fructose et la vanille. Ajoutez la compote et mélangez afin que la préparation soit homogène.

Pelez les 2 nectarines réservées pour la décoration et coupez-les en fines tranches.

Tapissez un moule à charlotte de film alimentaire.

Imbibez les biscuits dans le lait et placez-les sur le fond et le pourtour du moule. Versez la moitié du fromage blanc aux nectarines et répartissez les tranches de nectarine dessus. Recouvrez du reste de fromage blanc, filmez au contact et réservez au réfrigérateur pendant 6 heures au minimum.

REPÈRE TOP LIGHT

Une crème composée de fruits frais et de fromage blanc à 0 % de matières grasses.

Clé minceur : ne pas se priver de dessert.

JE VOUS VOIS VENIR… C'EST QUOI, L'AGAR-AGAR ? C'est une gélatine végétale. Elle se présente généralement sous la forme de mini-sachets de poudre. Pas besoin de la tremper dans l'eau comme la gélatine et elle doit cuire quelques minutes dans la préparation, contrairement à la gélatine qui ne se cuit pas.

Si vous n'avez pas de nectarines, prenez des pêches au sirop en conserve ou en bocal sans sucre ajouté, c'est plus rapide. Rincez-les et égouttez-les avant de les utiliser.

ASTUCE DE CUISINIER

La charlotte est aussi très bonne préparée la veille.

... Clafoutis *aux cerises* ...

PRÉPARATION : 10 MIN
CUISSON : 30 MIN
pour 4 personnes

- 400 g de cerises noires
- 3 œufs
- 40 g de fructose (3 1/2 cuill. à soupe)
- 1 sachet de sucre vanillé
- 40 g de farine
- 40 g de fécule de maïs
- 25 cl de lait d'amande sans sucre ajouté

Préchauffez le four à 180 °C (th. 6).

Cassez les œufs dans un petit saladier et fouettez-les avec le fructose et le sucre vanillé jusqu'à ce que le mélange blanchisse. Ajoutez la farine et la fécule, sans cesser de fouetter, puis versez le lait d'amande progressivement.

Rincez et essuyez les cerises, puis répartissez-les au fond d'un moule à manqué en silicone. Versez la préparation sur les cerises.

Faites cuire 30 minutes et laissez complètement refroidir.

400 g de cerises = 44 cerises. C'est bon à savoir si vous n'avez pas de balance sous la main !

Clé minceur : gérer les quantités.

REPÈRE TOP LIGHT

Du fructose et du lait d'amande.

1 verre de lait d'amande (20 cl) ne contient que 60 calories (contre 90 pour un verre de lait demi-écrémé). Sa teneur en sucre est plus faible et il ne contient pas de lactose. Que d'avantages ! À part son prix, qui reste élevé.
Bon à savoir : on peut préparer son lait d'amande maison, uniquement à base d'eau et d'amandes, c'est facile et économique !

C'EST LE PREMIER GÂTEAU QUE J'AI RÉUSSI à faire sans mauvaise surprise ! Chaud, froid, midi, soir, en collation… je l'adore ! Il est aussi parfait au petit déjeuner accompagné d'une boisson chaude.

ON PEUT DÉCLINER LA RECETTE AVEC DE NOMBREUX FRUITS, et si vous souhaitez que la part soit plus rassasiante, remplacez la farine blanche par de la farine complète et le lait de vache par du lait de soja. Le clafoutis aura alors une couleur grisée, mais sera tout aussi bon. Consommez-le plutôt tiède avec un café ou un thé… un délice.

SI, UN JOUR, VOUS DÉCIDEZ DE FAIRE UN CLAFOUTIS SALÉ, vous allez adorer le flan de brousse aux herbes ! Les petites herbes aromatiques feront le bonheur de vos papilles. Si vous avez la chance d'avoir un jardin, plantez, semez, cultivez à volonté. Je vous envie…

MON AMI FIDÈLE, MON JARDIN PERSONNEL, se trouve au rayon des surgelés. Je prends les lignes 3 et 14 du métro parisien, fais une petite virée en bus et j'arrive à destination : Pi + card ! On m'a dit : « Tu ne cites pas d'enseignes. »… Je respecte !

Rien de tel que les produits frais !

ASTUCE DE CUISINIER

Ne dénoyautez pas les cerises, le clafoutis aura plus de goût. Ce gâteau peut se préparer avec tous les fruits de l'été, comme les pêches, abricots, framboises, fraises…

Je me suis longtemps demandé combien pesaient les noyaux et les queues de cerise pour une barquette de 500 g… Résultat : 42 g seulement ! J'ai été très déçue, moi qui me disais que je n'avais pas mangé tant de cerises que ça, vu le tas de noyaux…

Crème glacée *cassis* *et* langues de chat *chocolatées*

PRÉPARATION : 20 MIN
CUISSON : 12 MIN
REPOS : 30 MIN
pour 4 à 6 personnes

POUR LES LANGUES DE CHAT
- 2 blancs d'œufs
- 50 g de beurre mou en morceaux
- 6 g de Sucaflore® (sucre zéro calorie)
- 1 sachet de sucre vanillé
- 50 g de farine
- 50 g de chocolat noir à 70 % de cacao

POUR LA CRÈME GLACÉE CASSIS
400 g de fromage blanc à la vanille à 0 % de matières grasses (ou 4 pots individuels)
- 320 g de cassis surgelés

Préchauffez le four à 180 °C (th. 6).

Préparez les langues de chat. Montez les blancs en neige ferme et faites fondre le beurre au micro-ondes pendant 30 secondes.

Dans un saladier, mélangez les sucres avec le beurre fondu jusqu'à l'obtention d'une crème. Ajoutez la farine en fouettant, puis les œufs en neige délicatement, en soulevant la masse.

Tapissez une plaque à four de papier sulfurisé. Garnissez une poche à douille* de pâte et tracez sur la plaque des traits de pâte de 5 cm de long, en les espaçant.

Faites cuire 12 minutes, jusqu'à ce que les biscuits soient dorés. Laissez-les refroidir.

Dans un bol, cassez le chocolat noir en morceaux, ajoutez 1 cuillerée à soupe d'eau et placez le bol au micro-ondes pendant 40 secondes. Mélangez et trempez l'extrémité de chaque biscuit dans le chocolat fondu encore chaud. Réservez les biscuits sur une grille pendant 30 minutes.

Préparez la crème glacée cassis. Versez le fromage blanc et les cassis surgelés dans le bol d'un blender*. Mixez finement et répartissez dans 4 à 6 coupes. Servez immédiatement avec les biscuits.

REPÈRE TOP LIGHT

Les fruits surgelés mixés se transforment en sorbet au contact du fromage blanc.

Clé minceur : ne rien s'interdire.

SI ON M'AVAIT DIT QU'UN JOUR, j'aimerais autant le sorbet au cassis que le chocolat, je ne l'aurais pas cru !

IMPENSABLE POUR UNE ACCRO AU CHOCOLAT COMME MOI. Mais figurez-vous que le cassis, les fruits rouges et la framboise sont mes parfums préférés. Après dégustation, je n'ai pas besoin d'en reprendre. Mon cerveau et mes papilles sont saturés grâce à leur parfum et à leur goût légèrement acidulé.

Chez le glacier, favorisez la boule dans un pot plutôt qu'en cornet !

ASTUCE DE CUISINIER

Si le chocolat fondu n'est pas assez souple, ajoutez 1 cuillerée à café de lait.

Mes langues de chat
chocolatées

Ma crème glacée cassis

Cheesecake *aux framboises*

PRÉPARATION : 15 MIN
CUISSON : 50 MIN
REPOS : 2 H
RÉFRIGÉRATION : 12 H
pour 4 à 6 personnes

- 800 g de framboises fraîches
- 4 Wasa® Fibres
- 3 cuill. à soupe de sirop d'agave
- 500 g de fromage St Môret® allégé
- 4 œufs
- 60 g de fructose (5 cuill. à soupe)
- 2 pincées de vanille en poudre

1 g de fibres contient zéro calorie ; en revanche, notre corps dépense 7 kcal par gramme de fibres lors de la digestion. Comment obliger notre organisme à brûler plus ? En consommant plus de fibres !

La veille, préchauffez le four à 150 °C (th. 5).

Tapissez un moule à charnière de 25 cm de diamètre de papier sulfurisé.

Mixez les Wasa® et mélangez la poudre obtenue avec le sirop d'agave et 3 cuillerées à soupe d'eau. Tassez la pâte au fond du moule en l'aplatissant avec le dos d'une cuillère à soupe. Réservez au réfrigérateur.

Fouettez le fromage avec les œufs, le fructose et la vanille, jusqu'à ce que la préparation soit lisse et souple.

Rincez et essuyez les framboises. Répartissez en la moitié au fond du moule sur la pâte et recouvrez-les de la crème au fromage.

Enfournez pour 50 minutes, puis laissez le cheesecake pendant 2 heures dans le four éteint, porte fermée. Réservez-le ensuite au réfrigérateur pendant 12 heures et démoulez-le délicatement.

REPÈRE TOP LIGHT

Une base biscuitée sans beurre ! Un cheesecake classique apporte 320 kcal pour 100 g, contre 130 kcal pour celui-ci. Il fallait oser !

ASTUCE DE CUISINIER

En fin de cuisson, le cheesecake doit être encore tremblotant. Laissez-le refroidir dans le four éteint, porte fermée, pour lui permettre d'obtenir une texture parfaite.

Cake au citron et graines de pavot

PRÉPARATION : 10 MIN
CUISSON : 30 MIN
pour 4 à 6 personnes

- 3 œufs
- 30 g de fructose (2 1/2 cuill. à soupe)
- 150 g de farine
- 1/2 sachet de levure chimique
- 3 cuill. à café d'huile olive au citron
- 2 petits-suisses à 20 % de matières grasses
- le jus de 1/2 citron
- 2 cuill. à café de lemon curd
- 1 cuill. à café de graines de pavot

Préchauffez le four à 180 °C (th. 6).

Tapissez un moule à cake de papier sulfurisé.

Cassez les œufs dans un saladier. Fouettez-les avec le fructose, la farine et la levure. Ajoutez l'huile et les petits-suisses, puis versez le jus de citron et le lemon curd. Remuez jusqu'à obtenir un mélange lisse et homogène.

Parsemez de graines de pavot, mélangez de nouveau et versez dans le moule.

Faites cuire pendant 30 minutes. Laissez refroidir avant de démouler.

Clé minceur : savoir se faire plaisir.

LE CAKE, C'EST TROP BON, mais on utilise souvent beaucoup d'huile pour le préparer. Ici, avec seulement 3 cuillerées à café d'huile d'olive au citron et des petits-suisses, on a le secret d'un cake *light et* très moelleux !

REPÈRE TOP LIGHT

Le fructose remplace ici avantageusement le sucre.

ASTUCE DE CUISINIER

Le lemon curd est une crème à tartiner au citron dont la recette vient d'Angleterre. Si vous n'en avez pas, vous pouvez le remplacer par de la marmelade ou par de la confiture de citron.

Automne

Le froid arrive, certes. Mais c'est la meilleure période pour sortir ses belles bottes et faire une petite promenade digestive dans la forêt. Ne pensez pas aux clichés et partez à la cueillette des champignons et des châtaignes ! Bouger, c'est aussi mon secret pour garder la ligne.

Mousse au thon *et œuf maman*

PRÉPARATION : 10 MIN
pour 4 personnes

- 140 g de thon au naturel en conserve
- 2 grandes barquettes de fromage St Môret® allégé (300 g)
- 1 œuf dur écalé*
- 4 belles feuilles de laitue
- 2 cuill. à soupe de flocons d'avoine (facultatif)
- sel et poivre du moulin

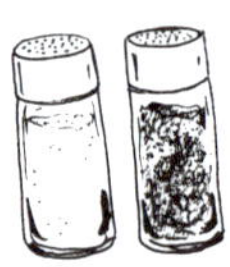

Dans le bol d'un mixeur, mettez le thon bien égoutté et rincé, le fromage et l'œuf dur coupé en morceaux. Mixez et rectifiez l'assaisonnement. Ajoutez les flocons d'avoine si la texture vous semble trop liquide et mélangez de nouveau.

Rincez et séchez les feuilles de laitue. Répartissez la mousse de thon.

Clé minceur : privilégier les oméga-3.

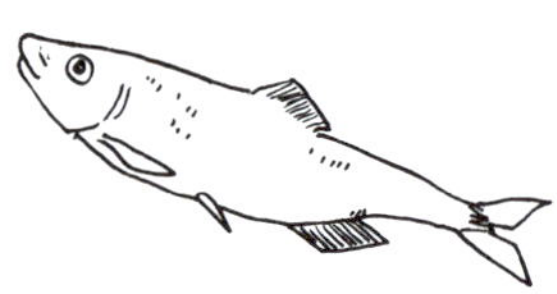

REPÈRE TOP LIGHT

Une portion de 135 g de cette mousse au thon n'apporte que 175 kcal, contre 575 kcal avec du mascarpone. En égouttant et en rinçant le thon, vous réduisez de moitié l'apport en sel.

Il faut un choc thermique pour écaler* facilement des œufs. Une fois cuits, videz l'eau chaude des œufs et remplacez-la par de l'eau froide.

PARFOIS, JE N'AI PAS LE TEMPS D'ALLER CHEZ MON POISSONNIER, ET JE LUI FAIS DES INFIDÉLITÉS ! J'aime le thon au naturel (et le maquereau au vin blanc). Pratiques et rapides, on peut cuisiner beaucoup de variantes avec ces petites conserves !

En plus, le thon ou le maquereau contiennent des oméga-3. Plusieurs études ont montré leurs bienfaits chez des populations grandes consommatrices de poisson.

Idée magique :
cette recette peut
aussi servir de base
à un sandwich
(à la place d'une certaine
mayonnaise), pour
un repas sur le pouce !

Salade piémontaise

PRÉPARATION : 10 MIN
pour 4 personnes

- 400 g de pommes de terre cuites
- 2 tomates
- 8 petits cornichons (ou 4 gros)
- 2 blancs d'œufs durs
- 100 g de dés de jambon de dinde

POUR LA SAUCE

- 100 g de fromage blanc à 0 % de matières grasses
- 2 cuill. à café de moutarde
- 1 œuf dur écalé*
- sel et poivre du moulin

Épluchez les pommes de terre et coupez-les en cubes. Rincez et séchez les tomates, et coupez-les en dés.

Coupez les cornichons en rondelles et les blancs d'œufs en petits morceaux.

Versez ces ingrédients dans un petit saladier et ajoutez les dés de jambon. Mélangez.

Préparez la sauce. Mixez le fromage blanc avec la moutarde et l'œuf dur, puis assaisonnez.

Versez la sauce sur la salade, mélangez, rectifiez l'assaisonnement et réservez au réfrigérateur jusqu'au moment de servir.

ASTUCE DE CUISINIER

Servez cette salade colorée à l'assiette, à l'aide d'un emporte-pièce.

REPÈRE TOP LIGHT

Une salade piémontaise oui, mais avec la mayo magique d'Anna, sans matières grasses ajoutées !

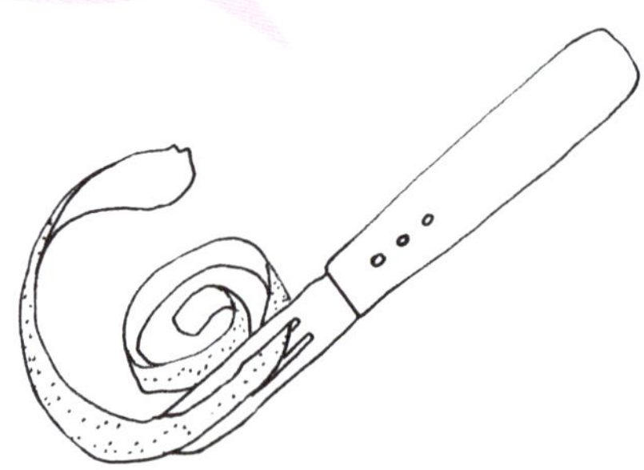

Pour une présentation bluffante, je sers ma salade à l'assiette, dans des feuilles de laitue.

Service à l'assiette
= quantité maîtrisée !

Une jolie variante de cette salade consiste à remplacer les cornichons par 1 branche de céleri et le jambon par du saumon fumé.

Les végétariens pourront remplacer les dés de jambon de dinde par des dés de tofu fumé. C'est encore plus *light* !

Salade de lentilles *aux carottes*

PRÉPARATION : 10 MIN
pour 4 personnes

- 400 g de lentilles corail (ou vertes) cuites
- 4 carottes

POUR LA VINAIGRETTE

- 2 échalotes
- 1 cuill. à café d'huile d'olive
- 1 cuill. à café de miel liquide
- 2 cuill. à soupe de vinaigre de xérès
- 1 cuill. à café de moutarde forte
- le jus et le zeste de 1/2 orange bio (zestes facultatifs)
- sel et poivre du moulin

Versez les lentilles froides dans un saladier.

Épluchez et râpez les carottes, et ajoutez-les aux lentilles.

Préparez la vinaigrette. Épluchez et émincez les échalotes, et mettez-les dans un bol. Versez-y l'huile d'olive, le miel, le vinaigre et la moutarde. Fouettez en ajoutant le jus d'orange et le zeste râpé, si vous le souhaitez.

Arrosez la salade de vinaigrette, rectifiez l'assaisonnement, mélangez et servez.

Clé minceur : bien mâcher permet d'être plus vite rassasié.

LES LENTILLES CORAIL SONT UNE BELLE ALTERNATIVE aux traditionnelles lentilles vertes. Elles varient vos repas. Utilisez-les en remplacement d'un féculent et vous serez conquis.

LA SEULE CHOSE QUE JE LEUR REPROCHE, C'EST LEUR TENUE EN CUISSON. Elles deviennent vite molles et s'écrasent facilement. Pour éviter cet inconvénient, surveillez bien la cuisson, et sinon, faites-en des purées. Et le tour est joué !

Les échalotes existent aussi en surgelé, je dis ça, c'est pour vous...

Repère pratique : 400 g de lentilles cuites = 140 g = 8 cuill. à soupe de lentilles crues = 10 cuill. à soupe bombées de lentilles cuites.

ÉQUILIBRE REPAS : complétez par un blanc de poulet pané au parmesan et un fruit en dessert.

Pas de gâchis : si vous avez fait cuire un peu trop de lentilles, improvisez une purée minute. Faites chauffer 12,5 cl de lait de soja et une Vache qui rit® avec le reste de lentilles. Mixez le tout et régalez-vous !

Verrines roses : *betterave et œufs de caille*

PRÉPARATION : 10 MIN
pour 4 personnes

- 1 betterave rouge cuite
- 4 œufs de caille durs
- 140 g de thon au naturel en conserve
- 150 g de fromage blanc à 0 % de matières grasses
- 1 cuill. à soupe de vinaigre balsamique
- 4 cuill. à soupe de persil plat ciselé*
- sel et poivre du moulin

Épluchez et coupez la betterave en morceaux. Mettez-la dans le bol d'un blender* avec le thon égoutté.

Ajoutez le fromage blanc, le vinaigre et le persil en en réservant un peu pour le décor. Mixez finement et rectifiez l'assaisonnement.

Répartissez la crème dans 4 verrines. Écalez les œufs de caille durs, coupez-les en deux et déposez-les sur la crème de betterave, puis parsemez de persil ciselé*.

Clé minceur : penser au plaisir des yeux, pour le plaisir des papilles.

Avez vous déjà consommé du jus de betterave ? Certains sportifs en sont fans ! Attention, ne le confondez pas avec le vin rouge !

QUAND J'ÉTAIS PETITE, MA GRAND-MÈRE ME PRÉPARAIT SOUVENT DE LA SALADE DE BETTERAVE. Mon grand plaisir était de tirer la langue pour montrer à tout le monde sa couleur violette ! Si vous avez des enfants, essayez !

ASTUCE DE CUISINIER

Pour faire cuire les œufs de caille, plongez-les 4 minutes dans de l'eau bouillante. Passez-les ensuite 1 minute sous l'eau froide. Tapotez chaque œuf de tous les côtés sur un plan de travail, puis roulez-le entre les paumes de vos mains. Décollez un morceau de coquille avec la membrane en haut de l'œuf, le reste viendra tout seul !

... Tortilla tiède ...
aux cèpes

PRÉPARATION : 10 MIN
CUISSON : 18 MIN
pour 4 personnes

- 8 œufs
- 300 g de cèpes frais
- 1 oignon
- 1 gousse d'ail
- 2 cuill. à café d'huile d'olive
- 2 cuill. à soupe de persil plat ciselé*
- sel et poivre du moulin

Un œuf qui flotte dans un verre d'eau salé, c'est signe quil n'est plus frais. C'est prouvé !

Cassez les œufs dans un saladier et fouettez-les en omelette. Rectifiez l'assaisonnement.

Ôtez la base des cèpes, rincez-les et essuyez-les. Coupez-les en lamelles.

Épluchez et émincez l'oignon et l'ail. Faites chauffer l'huile d'olive dans une poêle, versez les champignons, l'oignon et l'ail. Laissez-les cuire 12 minutes à feu moyen, en remuant régulièrement. En fin de cuisson, parsemez de persil et versez les œufs battus.

Mélangez avec une cuillère en bois, comme pour faire des œufs brouillés posez ensuite un couvercle sur la poêle et laissez cuire à couvert pendant 3 minutes en remuant régulièrement, sans décoller les bords.

Lorsque les bords commencent à dorer, retournez l'omelette à l'aide du couvercle et faites cuire l'autre face pendant 3 minutes à feu doux.

Glissez la tortilla sur un plat et servez-la immédiatement.

REPÈRE TOP LIGHT

On remplace les pommes de terre traditionnelles par des cèpes frais de saison.

ÉQUILIBRE REPAS : ajoutez des pommes de terre dans la recette et prenez un fruit en dessert.

ASTUCE DE CUISINIER

Vous pouvez également utiliser une assiette pour couvrir et retourner l'omelette.

CE SOIR, MAMAN EST CREVÉE, EN REVANCHE, LA SMALA A UNE PÊCHE D'ENFER. Rien de tel que cette omelette, facile, rapide et rassasiante. L'équilibre dans une poêle ! Protéines avec les œufs, fibres avec les champignons, féculent avec les pommes de terre.

LE SEUL HIC, C'EST LE NOMBRE D'ŒUFS CONSOMMÉS. Si votre santé ne vous le permet pas (cholestérol, bonjour !), pas de panique ! Doublez la dose de blancs d'œufs pour chaque jaune. D'accord, mais on fait quoi avec les jaunes qui restent ? Je les fais cuire au micro-ondes comme des œufs durs, puis je les mixe dans la fausse mayonnaise avec le fromage blanc.

POUR UNE OMELETTE PLUS AÉRIENNE, fouettez les blancs en neige. Ça prend un peu plus de temps, mais le résultat en vaut la peine !

Nuggets *de dinde*

PRÉPARATION : 15 MIN
CUISSON : 20 MIN
pour 4 personnes
(16 nuggets)

- 4 escalopes de dinde (de 100 g chacune)
- 3 cuill. à soupe bombées de chapelure fine
- 1 Carré frais ail et fines herbes® 0 % de matières grasses
- sel et poivre du moulin

Préchauffez le four à 210 °C (th. 7). Réservez la chapelure dans une assiette.

Coupez les escalopes en morceaux et mixez-les avec le fromage. Rectifiez l'assaisonnement et prélevez des boulettes de pâte.

Façonnez-les avec les paumes de vos mains et roulez-les dans la chapelure. Réservez-les sur une plaque recouverte de papier sulfurisé et faites-le cuire 20 minutes. Servez-les immédiatement.

REPÈRE TOP LIGHT

La dinde remplace le poulet.

Clé minceur : faire mieux que les fast-foods.

VOUS AVEZ DES ENFANTS ? Jeunes, ados, la vingtaine... Peu importe la tranche d'âge en fait, puisqu'ils aimeront tous cette recette ! Rien à voir avec les nuggets des chaînes de restauration rapide. La chair est plus ferme et le goût incomparable. À table !

Pas de chapelure à la maison ? Vous avez sûrement des biscottes dans vos placards. Mixez-les et vous voilà avec tout un stock de chapelure faite maison. Un peu de thym ou d'autres herbes et épices, et la voilà parfumée. Vous pouvez aussi ajouter du fromage râpé ou du parmesan (soyons fous !). Mais allez-y doucement quand même sur la dose de fromage.

ASTUCE DE CUISINIER

Proposez ces nuggets en apéro, à tremper dans de la sauce pour nems, nature ou pimentée. Mon mari adore !

... Ratatouille ...

PRÉPARATION : 15 MIN
CUISSON : 30 MIN
pour 4 personnes

- 2 poivrons verts
- 2 aubergines
- 2 courgettes
- 2 oignons
- 1 cube de bouillon de volaille
- 4 cuill. à soupe de purée de tomate au naturel
- 1 branche de thym
- 1 cuill. à café d'herbes de Provence
- sel et poivre du moulin

☆ Épluchez les légumes, rincez-les et coupez-les en morceaux sans les mélanger.

★ Mettez les oignons dans une sauteuse avec le cube de bouillon émietté, mélangez, ajoutez 2 cuillerées à soupe d'eau et faites cuire 3 minutes à feu moyen en remuant.

☆ Ajoutez les poivrons, 2 cuillerées à soupe d'eau et faites cuire 8 minutes à feu doux en remuant. Ajoutez les aubergines et 2 cuillerées à soupe d'eau et faites cuire 8 minutes en remuant.

★ Ajoutez les courgettes, 2 cuillerées à soupe d'eau, la purée de tomate, le thym, les herbes de Provence et prolongez la cuisson de 10 minutes environ, jusqu'à ce que toute l'eau soit absorbée. Rectifiez l'assaisonnement juste avant de servir.

Clé minceur : faire une pause avec les conserves.

REPÈRE TOP LIGHT

Sans huile, mais avec du bouillon !

Mes nuggets de dinde

Ma ratatouille

Pot-au-feu

PRÉPARATION : 15 MIN
CUISSON : 3 H 05
pour 4 personnes

- 4 pommes de terre
- 4 blancs de poireaux
- 6 carottes
- 4 navets
- 2 oignons
- 400 g de paleron de bœuf en morceaux
- 400 g de macreuse de bœuf en morceaux
- 2 clous de girofle
- 1 bouquet garni
- sel et poivre du moulin

ÉQUILIBRE REPAS : terminez par un yaourt au lait de brebis et un fruit.

Épluchez les légumes et rincez-les. Coupez les blancs de poireaux en gros tronçons, les carottes en bâtonnets et les navets en quatre.

Mettez les morceaux de viande dans une cocotte, couvrez-les d'eau et portez à ébullition. Jetez l'eau et couvrez de nouveau la viande d'eau. Ajoutez la moitié des légumes et les clous de girofle, en réservant les pommes de terre et les oignons pour la fin de cuisson. Rectifiez l'assaisonnement, incorporez le bouquet garni et portez à ébullition en écumant régulièrement.

Laissez cuire 2 heures 15 à feu doux. Retirez les légumes avec une écumoire (ils ne seront pas consommés) et remplacez-les par les légumes restants. Poursuivez la cuisson pendant 20 minutes, ajoutez les pommes de terre et prolongez la cuisson de 20 minutes.

Retirez la viande et les légumes et réservez-les dans un plat creux. Faites réduire le bouillon pendant 10 minutes et arrosez-en la viande au moment de servir.

REPÈRE TOP LIGHT

Pour un bouillon *light*, la viande est dégraissée dans une première cuisson à l'eau bouillante.

LE TRIO GAGNANT INDISPENSABLE POUR VOS REPAS : légumes, féculent et viande. Ce plat est complet, sain et rassasiant. On maigrit en mangeant (certes, raisonnablement) des repas équilibrés. On y croit puisque c'est l'un des secrets de ma perte de poids.

ASTUCE DE CUISINIER

Le pot-au-feu est toujours meilleur réchauffé. Il peut se préparer 2 jours à l'avance.

Quiche lorraine *sans pâte*

PRÉPARATION : 10 MIN
CUISSON : 30 MIN
pour 4 personnes

- 80 g de farine
- 4 œufs
- 50 cl de lait écrémé
- 100 g d'allumettes de bacon
- 115 g de champignons de Paris émincés* en conserve
- 30 g de gruyère râpé (8 cuill. à soupe bombées)
- sel et poivre du moulin

Préchauffez le four à 180 °C (th. 6).

Versez la farine dans un petit saladier, creusez un puits et cassez-y les œufs. Mélangez et ajoutez le lait progressivement.

Incorporez les allumettes de bacon et les champignons égouttés. Rectifiez l'assaisonnement et versez la pâte dans un moule à tarte en silicone.

Parsemez de fromage râpé et enfournez pour 30 minutes. Servez immédiatement.

Clé minceur : ne pas faire de petites économies dans les calories.

REPÈRE TOP LIGHT

Les allumettes de bacon remplacent les lardons traditionnels. 100 g de quiche lorraine classique (mais qui n'en mangerait que 100 g ?) apportent 300 kcal, alors que celle-ci ne fait que 110 kcal.

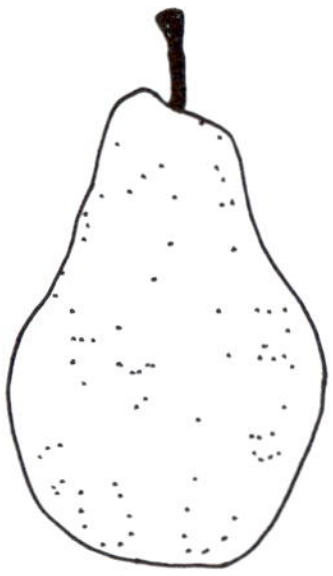

ÉQUILIBRE REPAS : une belle poire en dessert.

Attention à la quiche lorraine des boulangeries, beaucoup trop grasse.

LA QUICHE LORRAINE SERVIE AVEC UNE SALADE est un repas soi-disant léger. Mais en vérité, c'est bien trop gras pour le dîner et pas assez rassasiant pour le déjeuner.

Esprit clafoutis pour cette recette sans pâte : « quiche » dit mieux ? !!

ASTUCE DE CUISINIER

Pour bien mélanger la farine, le lait et les œufs, j'utilise un mixeur plongeant, c'est encore plus rapide ! Et dans un blender*, ça marche bien aussi.

On maigrit en pensant à soi, en équilibrant son alimentation et en évitant de manger de trop grandes quantités. Ce n'est pas en s'affamant qu'on règle son problème de poids. Retrouvez le chemin des plaisirs simples !

... Cordons *bleus* ...

PRÉPARATION : 15 MIN
CUISSON : 35 MIN
pour 4 personnes

> 4 tranches de viande des Grisons
> 4 fines escalopes de dinde
> 4 tranches de fromage fondu
> 1 œuf
> 10 biscottes aux céréales complètes
> 2 cuill. à café d'huile d'olive

Préchauffez le four à 210 °C (th. 7).

Fouettez l'œuf dans un bol. Cassez les biscottes en morceaux et mixez-les finement. Réservez la chapelure obtenue dans une assiette.

Déposez 1 tranche de viande des Grisons sur chaque escalope, puis 1 tranche de fromage.

Roulez les cordons bleus dans l'œuf battu, puis dans la chapelure de biscottes. Arrosez-les d'huile d'olive et déposez-les sur la plaque du four recouverte de papier sulfurisé.

Enfournez pour 35 minutes, jusqu'à ce que les cordons bleus soient dorés.

Clé minceur : manger aussi des viandes panées.

REPÈRE TOP LIGHT

Une panure maison, exclusivement composée de biscottes mixées.

VOUS N'AUREZ PAS BESOIN DE PETITES FICELLES BLEUES pour emmailloter l'escalope ni d'inviter un grand chef pour la préparer. En suivant cette recette, ce sera vous, le cordon-bleu…

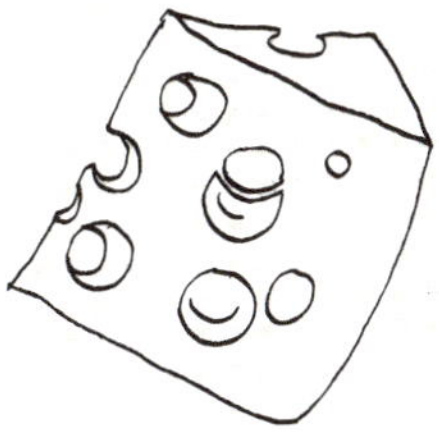

La cuisinière parfaite, quoi !

D'où vient le nom de cette recette ? Vaste polémique, mais il semble qu'il trouve son origine dans une ancienne recette milanaise. Les cuisiniers ficelaient 2 escalopes entre elles avant de les farcir et de les paner. Et devinez ? Les ficelles alimentaires étaient… bleues !

ASTUCE DE CUISINIER

Mélangez à la panure 1/2 cuillerée à café de vos épices préférées.

Servez-les accompagnés de haricots verts persillés ou de pois gourmands.

La recette traditionnelle était jadis préparée avec de l'escalope de veau, qui fût progressivement remplacée par de l'escalope de poulet, puis de dinde, moins onéreuse.

Cassoulet

PRÉPARATION : 15 MIN
CUISSON : 25 MIN
pour 4 personnes

- 4 saucisses de volaille
- 8 tranches de bacon
- 1 oignon
- 1 gousse d'ail
- 200 g d'aiguillettes de canard
- 4 cuill. à soupe de concentré de tomate
- 1 petit bouquet de thym et de laurier
- 4 tomates
- 500 g de haricots blancs cuits
- 4 carottes cuites
- sel et poivre du moulin

Mettez à chauffer les saucisses et le bacon coupé en quatre dans une cocotte. Épluchez et émincez l'oignon et l'ail, et ajoutez-les. Assaisonnez et poursuivez la cuisson pendant 5 minutes en remuant régulièrement avec une cuillère en bois.

Versez 50 cl d'eau (une petite bouteille) et le concentré de tomate, mélangez et incorporez le thym et le laurier.

Rincez les tomates, coupez-les en petits morceaux et ajoutez-les.

Couvrez et laissez mijoter pendant 15 minutes à feu doux. Ajoutez les haricots blancs et les carottes coupées en rondelles, et poursuivez la cuisson pendant 5 minutes à découvert, sans cesser de remuer. Servez immédiatement.

Clé minceur : adapter ses recettes préférées.

REPÈRE TOP LIGHT

Des saucisses de volaille et du bacon pour un cassoulet allégé !

Les haricots blancs sont des légumes secs tellement rassasiants que vous n'aurez pas faim pendant 5 heures ! Un après-midi garanti sans grignotage, qui dit mieux ?

J'ESPÈRE QUE MA RECETTE N'AFFOLERA PAS LES CUISINIÈRES DU SUD-OUEST, j'ai bien trop de respect pour elles. Mais il fallait bien trouver une solution !

JE SUIS EN EFFET TELLEMENT FAN DE LA RECETTE TRADITIONNELLE (maman est toulousaine) qu'il m'était impossible de ne pas faire honneur à ce plat. Certes, celui-ci est dégraissé et pas mal modifié, mais il était trop difficile de se passer de cassoulet.

… Curry *de filet mignon* …

PRÉPARATION : 15 MIN
CUISSON : 55 MIN
pour 4 personnes

- 600 g de filet mignon
- 1 gros oignon
- 1 gousse d'ail
- 1 pomme pink lady
- 2 cuill. à café d'huile d'olive
- 20 cl de bouillon de bœuf
- 20 g de gingembre frais râpé (facultatif)
- 10 cl de lait de coco
- 1 cuill. à café de curry
- sel et poivre du moulin

Pelez et émincez l'oignon et l'ail. Épluchez la pomme et coupez-la en petits dés.

Faites chauffer l'huile d'olive dans une sauteuse. Coupez la viande en morceaux et faites-les cuire 10 minutes en les retournant régulièrement.

Incorporez l'oignon, l'ail et remuez pendant 2 minutes. Recouvrez de bouillon. Ajoutez, si vous le souhaitez, le gingembre, assaisonnez et laissez mijoter pendant 35 minutes à feu doux.

Incorporez les morceaux de pomme, le lait de coco et le curry, puis poursuivez la cuisson pendant 10 minutes.

Clé minceur : cuisiner pour maigrir.

ÉQUILIBRE REPAS : complétez par un morceau de pain.

LE FILET MIGNON EST LA PARTIE MAIGRE DE LA VIANDE DE PORC. Son mariage épicé avec le curry vous plaira tant au niveau du goût (nous avons pris soin de ne pas trop en mettre) que parce qu'il est très facile à préparer.

ASTUCE DE CUISINIER

Si je n'ai pas de curry, j'utilise des épices ras el-hanout et, si je n'ai pas de lait de coco, je le remplace par 3 cuillerées à soupe de lait de soja.

... Purée *de potimarron* ...

PRÉPARATION : 10 MIN
CUISSON : 20 MIN
pour 4 personnes

- 1 potimarron bio (1 kg environ)
- 2 cuill. à café de crème fraîche à 15 % de matières grasses
- sel et poivre du moulin

☆ Rincez le potimarron et débitez-le en cubes. Pour cela, coupez-le en deux sans l'éplucher, retirez les fibres et les pépins, et coupez la chair.

★ Faites cuire les morceaux de potimarron à la vapeur pendant 20 minutes. Écrasez-les au moulin à légumes et ajoutez la crème. Assaisonnez et mélangez.

Clé minceur : oser les saveurs, les épices et les aromates.

ASTUCE DE CUISINIER

Inutile de peler un potimarron s'il est bio, la peau va fondre lors de la cuisson.

POUR MOI, LES POTIRONS ET AUTRES COURGES REPRÉSENTENT HALLOWEEN. Vous dire que je les connais depuis longtemps serait faux. J'en consomme depuis 5 ans environ pour lier mes soupes de légumes et en purées.

Mon curry de filet mignon

Ma purée
de potimarron

Brick
aux 2 fromages

PRÉPARATION : 15 MIN
CUISSON : 10 MIN
pour 4 personnes

- 8 feuilles de brick
- 150 g de ricotta
- 80 g de cheddar râpé
- 1 oignon
- 2 cuill. à soupe de ciboulette ciselée*
- 1 œuf
- 2 cuill. à café d'huile d'olive
- sel et poivre du moulin

Préchauffez le four à 210 °C (th. 7).

Épluchez et émincez l'oignon.

Dans un petit saladier, mélangez les fromages, l'oignon, la ciboulette et l'œuf. Rectifiez l'assaisonnement.

Découpez les feuilles de brick en deux. Déposez 2 cuillerées à soupe de farce sur chaque demi-feuille et repliez-les de façon à former un triangle.

Huilez-les avec un pinceau et déposez-les sur une plaque recouverte de papier sulfurisé. Faites cuire 10 minutes et servez immédiatement.

ÉQUILIBRE REPAS : complétez la recette par un supplément de légumes et prenez un fruit frais en dessert.

Clé minceur : casser les codes et les idées reçues !

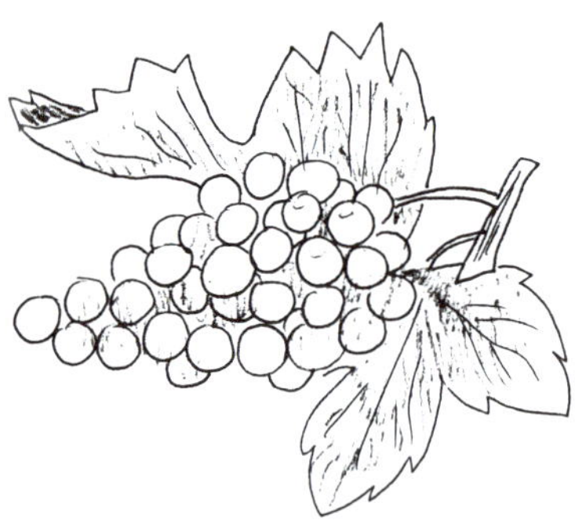

MA FILLE EMMA M'A INITIÉE À DE NOUVELLES CUISSONS DE LA FEUILLE DE BRICK. J'ai toujours cru qu'on devait absolument la cuire une fois garnie dans un bain d'huile. Mais quand on souhaite contrôler son alimentation, la friture, ce n'est pas la meilleure chose. Je sais à présent qu'à la poêle comme au four, tout est permis ! Sachez que le poids d'une feuille de brick tourne autour de 18 g et vous les trouverez au rayon frais de votre supermarché avec les pâtes prêtes à cuire. Laissez-vous guider par votre imagination, avec la feuille de brick, tout est possible ! Vous trouverez sur Internet une multitude d'idées pour leur pliage.

Le fromage c'est tout un programme. On l'adore, mais le problème, c'est qu'il nous le rend bien. Un peu trop même, si vous voyez ce que je veux dire…

Un plateau de fromages qui ne tue (presque) pas : un camembert, du chèvre frais, des carrés aux herbes, du St Môret®, de la faisselle, du fromage frais de brebis…

Plus le fromage est frais, plus il y a de l'eau et moins il est gras. Tout est donc question de choix ! Les pâtes fermentées et les pâtes fraîches sont les moins grasses.

Chili con carne

PRÉPARATION : 10 MIN
CUISSON : 38 MIN
pour 4 personnes

- 250 g de haricots rouges (1 boîte moyenne)
- 500 g bœuf haché à 5 % de matières grasses
- 400 g de tomates concassées au naturel en conserve
- 1 oignon rouge
- 2 gousses d'ail
- 1 poivron rouge
- 1 cuill. à café d'huile d'olive
- 1 pincée de piment en poudre (ou de piment de Cayenne, d'herbes de Provence ou de thym)
- sel et poivre du moulin

Épluchez et émincez l'oignon et l'ail. Coupez le poivron en petits dés en retirant le pédoncule* et les graines.

Faites chauffer une sauteuse antiadhésive avec l'huile d'olive. Ajoutez l'oignon et l'ail, et laissez-les cuire 10 minutes à feu moyen en remuant.

Ajoutez la viande en remuant et faites cuire de nouveau 12 minutes, en remuant régulièrement. Ajoutez les tomates et les poivrons, mélangez et poursuivez la cuisson pendant 10 minutes.

Égouttez et rincez les haricots rouges. Incorporez-les, saupoudrez de piment, mélangez et poursuivez la cuisson pendant 6 minutes à feu doux.

Clé minceur : favoriser les légumes secs.

REPÈRE TOP LIGHT

On traque le gras avec de la viande hachée à 5 % de matières grasses.

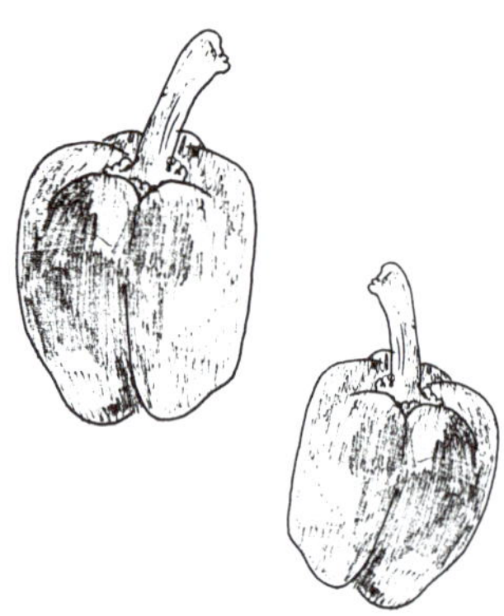

MÊME SI LES RÉGIMES PROTÉINÉS N'ONT PAS BONNE RÉPUTATION, il y a une chose que l'on ne peut pas leur reprocher, c'est qu'ils préservent la masse musculaire pendant la phase d'amaigrissement.

Le muscle, c'est un grignoteur de calories !

Tous au sport après ce plat riche en protéines animales (viande) et végétales (haricots rouges).

Viva Mexico,
sortez el sombrero ! !!

ÉQUILIBRE REPAS :
mixez des fruits surgelés avec une mini-boîte de lait concentré écrémé et non sucré pour un sorbet express !

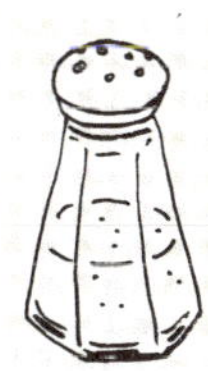

... Tofu *aux oignons* ...

PRÉPARATION : 10 MIN
CUISSON : 15 MIN
pour 4 personnes

- 400 g de tofu ferme
- 2 tomates
- 2 oignons
- 1 gousse d'ail
- 1 bouquet de coriandre
- 3 cuill. à soupe de sauce soja
- 2 cuill. à café d'huile d'olive
- 1 cuill. à café de graines de sésame
- sel et poivre du moulin

Essuyez le tofu et coupez-le en cubes. Rincez et coupez les tomates en dés. Épluchez et émincez les oignons et l'ail.

Ciselez la coriandre dans un bol et mélangez-la avec la sauce soja.

Faites chauffer l'huile d'olive dans une sauteuse et ajoutez l'oignon et l'ail. Laissez-les fondre pendant 5 minutes, puis incorporez les morceaux de tofu et de tomate. Assaisonnez et poursuivez la cuisson pendant 8 minutes en remuant.

Versez le mélange de coriandre et de sauce soja, parsemez de graines de sésame, remuez pendant 2 minutes sur le feu et servez immédiatement.

ÉQUILIBRE REPAS : complétez par un féculent et un fruit.

Clé minceur : changer ses habitudes.

MON PREMIER RENDEZ-VOUS CULINAIRE AVEC LE TOFU FUT UN CHOC. Grosse interrogation. Mais comment peut-on manger un truc pareil ? Après recherche, test, enquête... aujourd'hui, je suis son ambassadrice. J'encourage les curieuses à cuisiner le tofu.

ESSENTIEL POUR PRÉSERVER LA SANTÉ DE MA FILLE, VÉGÉTARIENNE, il me fallait apprendre à cuisiner le tofu.

ASTUCE DE CUISINIER

Le tofu est naturellement fade. Il faut le cuisiner avec des aromates pour lui donner de la saveur. Vous pouvez puiser dans vos épices préférées pour l'agrémenter : curry, curcuma, safran…

... Spaghettis *à la bolognaise* ...

PRÉPARATION : 15 MIN
CUISSON : 30 MIN
pour 4 personnes

- 450 g de shiratakis de konjac
- 2 oignons
- 2 carottes cuites
- 1 cuill. à café d'huile d'olive au basilic
- 400 g de bœuf haché à 5 % de matières grasses
- 400 g de tomates concassées au naturel en conserve
- 1 bouquet de basilic
- sel et poivre du moulin

Épluchez et émincez les oignons. Coupez les carottes cuites en petits dés.

Faites chauffer une sauteuse antiadhésive avec l'huile d'olive. Ajoutez les oignons et faites-les cuire 10 minutes. Incorporez la viande et poursuivez la cuisson pendant 12 minutes.

Rincez les shiratakis de konjac et faites-les cuire 3 minutes dans un grand volume d'eau bouillante. Égouttez-les et incorporez-les à la viande. Ajoutez les tomates, le basilic ciselé et les carottes. Rectifiez l'assaisonnement et poursuivez la cuisson pendant 5 minutes à feu très doux en remuant.

Servez immédiatement.

Le saviez-vous ? On trouve la racine de konjac sous la forme de vermicelles de shiratakis (nouilles), de pâte konnyaku (gelée) ou encore de riz rond.

Clé minceur : penser aux fibres.

REPÈRE TOP LIGHT

Des pâtes oui, mais des shiratakis de konjac, un tubercule coupe-faim très faible en calories !

Le konjac, c'est quoi ce truc ? Originaire d'Asie, le konjac est une racine réduite en une fine poudre blanche transformée ensuite en bloc ou en vermicelles. On en trouve désormais un peu partout dans le rayon diététique.

Riche en fibres et très peu calorique, le konjac cale bien l'estomac : 150 g de konjac cuit = 16 kcal, alors que 150 g de pâtes cuites = 130 kcal.

ÉQUILIBRE REPAS : terminez par une portion de gâteau de semoule et un fruit.

JE NE SUIS PAS ITALIENNE, MAIS QU'EST-CE QUE J'AIME LES PÂTES, surtout les pâtes longues et plates, les linguines.

Mes premiers spaghettis à la bolognaise baignaient dans le gras ! J'avais en effet pris l'habitude d'utiliser de la chair à saucisse avec du steak haché à 20 % de matières grasses…

Depuis que j'ai perdu du poids, les choses ont bien changé. Ma recette vous plaira par ses saveurs et sa bonne odeur ! Le lendemain, elle est encore meilleure.

Magrets de canard
à la poire et à l'oignon

PRÉPARATION : 10 MIN
CUISSON : 15 MIN ENVIRON
pour 4 personnes

- 2 magrets de canard
- 3 petites poires
- 2 oignons
- 2 cuill. à café de miel liquide
- sel et poivre du moulin

Préchauffez le four à 210 °C (th. 7).

Retirez le gras des magrets avec un couteau et déposez-les sur un rectangle de papier sulfurisé. Badigeonnez-les de miel avec un pinceau.

Épluchez les poires, les oignons, et coupez-les en morceaux. Répartissez-les autour des magrets, assaisonnez et refermez la papillote.

Enfournez pour 10 à 25 minutes selon votre goût et servez immédiatement.

Clé minceur : s'autoriser les repas de fêtes.

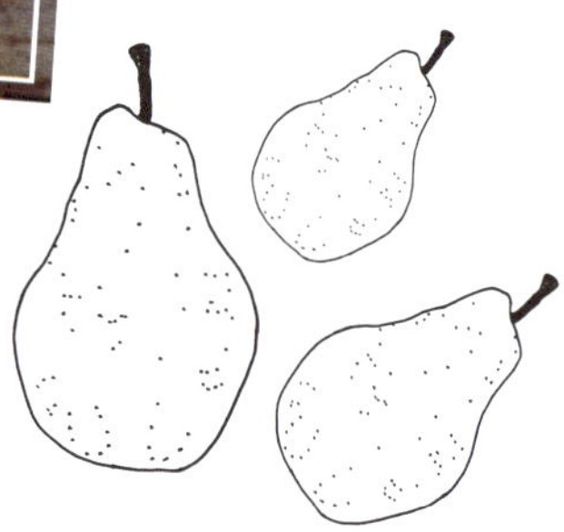

ÉQUILIBRE REPAS : une crudité en entrée qui croque et qui craque sous la dent.

REPÈRE TOP LIGHT

Dégraisser les magrets avant de les cuire !

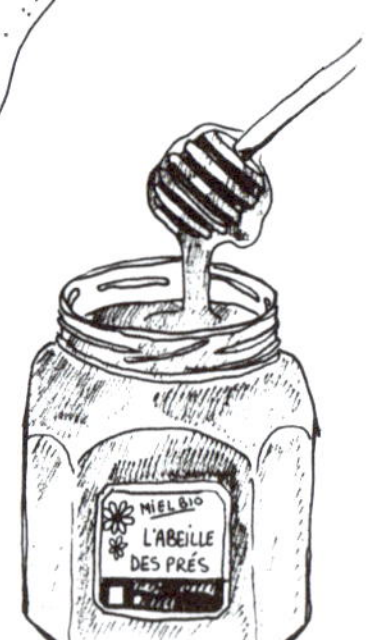

Purée de pommes de terre à l'ancienne

PRÉPARATION : 10 MIN
CUISSON : 20 MIN
pour 4 personnes

- 1 kg de pommes de terre à chair farineuse
- 1 cube de bouillon de volaille dégraissé
- 1 cuill. à soupe de moutarde à l'ancienne
- 2 cuill. à soupe de crème fraîche à 15 % de matières grasses
- sel et poivre du moulin

Épluchez les pommes de terre, coupez-les en gros morceaux et faites-les cuire 20 minutes à l'eau avec le cube de bouillon. Vérifiez la cuisson et égouttez-les en conservant une partie de l'eau de cuisson.

Mettez les pommes de terre dans un saladier et écrasez-les avec un presse-purée en versant quelques cuillerées d'eau de cuisson afin que la purée soit onctueuse.

Ajoutez la moutarde et la crème, rectifiez l'assaisonnement et mélangez. Servez immédiatement.

Clé minceur : revisiter les plats de son enfance.

REPÈRE TOP LIGHT

Le beurre est remplacé par de la crème allégée et de la moutarde ; le lait par l'eau de cuisson des pommes de terre.

ASTUCE DE CUISINIER

Selon vos envies, ajoutez dans votre purée de la noix de muscade, ou de la ciboulette ou encore 1 jaune d'œuf.

ON A TOUS DÉJÀ MANGÉ DE LA PURÉE EN FLOCONS. Mais on a tous regretté de ne pas y retrouver ce bon goût de notre enfance, quand la purée maison de mamie avait le pouvoir magique de nous transporter au cœur du plaisir culinaire.

Les choses simples sont souvent les meilleures.

Dans ma purée, vous ne trouverez pas autant de beurre et de crème que dans la traditionnelle, mais elle sera meilleure que celle déshydratée et bourrée d'additifs.

Mes magrets de canard à la poire et à l'oignon

Ma purée de pommes
de terre à l'ancienne

Crumble 2/4/6
aux pommes

PRÉPARATION : 10 MIN
CUISSON : 45 MIN
pour 4 personnes

- 6 pommes golden
- 2 cuill. à soupe de beurre mou
- 4 cuill. à soupe de sucre vanillé
- 6 cuill. à soupe de fécule de maïs

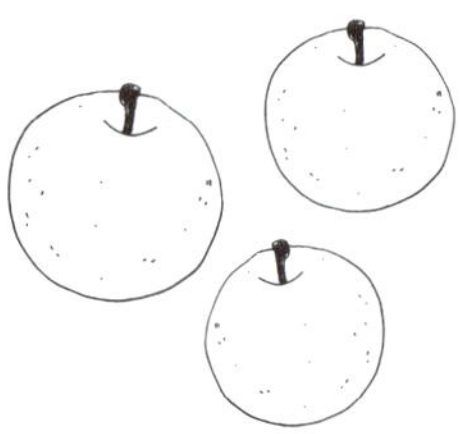

Préchauffez le four à 180 °C (th. 6).

Épluchez les pommes, retirez le cœur et coupez-les en gros dés. Mettez-les au fond d'un plat en silicone de 20 cm de diamètre.

Dans un saladier, mélangez, du bout des doigts, le beurre coupé en morceaux, le sucre et la fécule. Lorsque la pâte est granuleuse, répartissez-la sur les fruits.

Faites cuire 45 minutes environ.

Clé minceur : faire attention à la matière grasse, sans perdre le goût.

À nous, la taille de guêpe ! Bzzz...

ASTUCE DE CUISINIER

Le crumble (qui signifie « émietter » en anglais) fonctionne avec tous les fruits de saison : poires, bananes, coings… Dégusté tiède ou froid, vous pouvez l'accompagner de fromage blanc vanillé.

EFFET COUPE-FAIM, RICHE EN FIBRES ET PEU CALORIQUE (50 kcal pour 100 g), la pomme diminue l'absorption des lipides dans l'intestin et permet de limiter les envies de grignoter.

Il paraît que les consommateurs de pommes auraient un tour de taille en moins !

Poires pochées, *sauce chocolat*

PRÉPARATION : 10 MIN
CUISSON : 15 MIN
pour 4 personnes

- 4 poires
- 1 sachet de sucre vanillé
- le jus de 2 oranges
- 80 g de chocolat noir à 70 % de cacao

Épluchez les poires, coupez-les en deux et retirez le cœur.

Versez 80 cl d'eau dans une casserole avec le sucre vanillé et le jus d'orange. Portez à ébullition et plongez-y les poires. Laissez-les cuire 12 minutes à feux doux en les retournant régulièrement.

Sortez-les avec une écumoire et déposez-les dans 4 bols.

Faites fondre le chocolat au bain-marie* en remuant et nappez-en les poires tièdes.

Clé minceur : penser plaisir et rassasiement.

REPÈRE TOP LIGHT

Un sirop de cuisson peu sucré, préparé avec du jus d'orange pur.

ASTUCE DE CUISINIER

Pour gagner un peu de temps, on peut aussi cuire les poires au micro-ondes dans un récipient hermétique adapté pendant 8 minutes. Et si vous n'aimez pas le chocolat noir, faites fondre 4 œufs Kinder® (20 g chacun) à la place.

LE MARIAGE D'UN FRUIT RICHE EN FIBRES ET EN VITAMINES AVEC LE CHOCOLAT NOIR QUI APPORTE LE MAGNÉSIUM. Un bon deal pour concilier plaisir et satiété.

VOUS SOUVENEZ-VOUS DE CETTE PUBLICITÉ pour une célèbre marque de chocolat où l'on voyait, en gros plan, du chocolat fondre sur une poire ? Devant cette pub, automatiquement, nos sens étaient en éveil ! Eh bien, sachez que le chocolat est souvent remplacé lors des prises de vue par de la peinture marron ! Depuis, mon regard n'est plus le même et mon envie de manger pour le plaisir est apaisée. Étrange, non ?

C'est quoi, la faim hédonique ?

C'est une envie irrésistible de manger, même l'estomac plein, déclenchée par la vue, l'odorat, l'ouïe (bruit du paquet de chips), la pensée d'un aliment qu'on adore… On croit avoir faim, mais ce ne sont que des envies. Or, une envie c'est comme une vague, ça arrive et ça repart…

Cela déclenche souvent des fringales, et même si on se dit « il ne faut pas », on a du mal à résister. Mon corps dit « non », mais ma tête et mon ventre disent « oui ! », un vrai dilemme. Et si vous cuisiniez, tout simplement pour oublier de grignoter ?

... Gâteau de semoule ... au chocolat et amande amère

PRÉPARATION : 5 MIN
CUISSON : 15 MIN ENVIRON
RÉFRIGÉRATION : 1 H AU MOINS
pour 4 personnes

- 150 g de semoule fine
- 1 l de lait écrémé
- 1/2 cuill. à café d'agar-agar
- 100 g de chocolat instantané en poudre
- 10 gouttes d'amande amère

Versez le lait dans une casserole avec l'agar-agar et chocolat, puis portez à ébullition. Ajoutez la semoule en pluie et poursuivez la cuisson à feu doux, en mélangeant, pendant 13 minutes environ jusqu'à épaississement.

Hors du feu, ajoutez l'amande amère.

Versez la préparation dans un moule ou dans des ramequins individuels. Laissez complètement refroidir et mettez au réfrigérateur pendant 1 heure minimum.

Clé minceur : gérer ses fringales chocolatées en mode plus léger.

L'extrait d'amande amère est un arôme naturel liquide très concentré. Quelques gouttes suffisent pour parfumer une crème, une pâte, un gâteau… Vous le trouverez dans les supermarchés ou les magasins bio, au même rayon que la vanille.

LE GÂTEAU LE MOINS GRAS AU MONDE. Pas de pâte feuilletée ni brisée, mais un ingrédient indispensable, la semoule de blé fine. Il ne faut cependant pas la confondre avec la semoule de couscous.

VOUS ÊTES SPORTIVE ? Anticipez votre séance de gym avec une part de gâteau de semoule. Votre organisme se nourrira des glucides pour tenir le rythme. Enfilez vos baskets, il est temps d'être dans le mouv'.

Abusons de l'agar-agar, cette gélatine végétale coupe-faim. Aussi efficace dans une boisson chaude. De plus, elle facilite le travail du transit intestinal…

Pommes au four
et oursons guimauve

PRÉPARATION : 10 MIN
CUISSON : 15 MIN
pour 4 personnes

- 4 pommes canada
- 2 pincées de vanille en poudre
- 4 oursons guimauve au chocolat

Préchauffez le four à 180 °C (th. 6).

Rincez les pommes et retirez le cœur sans les éplucher ni les couper.

Alignez-les dans un plat à four tapissé de papier sulfurisé, parsemez-les de vanille et faites-les cuire pendant 12 minutes.

Déposez les oursons au cœur des pommes et prolongez la cuisson de 3 minutes.

Servez immédiatement.

Clé minceur : accepter son péché mignon.

La cerise sur le gâteau, c'est... c'est ? La pomme ! Perdu, c'est l'ourson en chocolat. !!

ASTUCE DE CUISINIER

Pour retirer facilement et rapidement le cœur des pommes, utilisez un vide-pomme, un ustensile ingénieux et efficace !

... Tarte *Tatin* ...

PRÉPARATION : 15 MIN
CUISSON : 35 MIN
pour 6 personnes

> 1 kg de pommes canada, granny smith ou boskoop
> 3 cl d'eau chaude
> 1 sachet de sucre vanillé

POUR LA PÂTE

> 120 g de farine de blé
> 125 g de farine complète
> 1 cuill. à café de levure chimique
> 10 cl de crème liquide à 15 % de matières grasses
> 10 cl d'eau chaude
> 1 sachet de sucre vanillé

POUR LE CARAMEL

> 50 g de sucre roux en poudre

Pour donner du goût à une pâte faite maison, pensez à la vanille, à la cannelle, à l'extrait d'amande amère...

Préchauffez le four à 180 °C (th. 6).

Préparez la pâte. Versez tous les ingrédients dans une boîte ronde hermétique. Refermez le couvercle et secouez énergiquement pendant 15 secondes. Sortez la pâte de la boîte, formez une boule et étalez-la au rouleau entre 2 feuilles de cuisson (la pâte est assez collante, c'est normal).

Épluchez les pommes et coupez-les en quartiers en retirant le cœur et les pépins. Mettez-les dans une casserole avec l'eau et le sucre vanillé. Faites chauffer à feu doux pendant 8 minutes, en remuant régulièrement avec une cuillère en bois.

Préparez le caramel. Versez le sucre dans un moule à fond épais avec 1 cuillerée à café d'eau. Posez le moule sur le feu et faites chauffer à feu moyen en secouant régulièrement le moule, jusqu'à ce que le sucre fonde et prenne une couleur ambrée.

Hors du feu, répartissez les pommes sur le caramel et recouvrez de pâte en enfonçant les bords.

Faites cuire pendant 25 minutes au four, démoulez immédiatement et dégustez tiède.

Clé minceur : ne pas s'interdire les desserts.

ASTUCE DE CUISINIER

Pour un démoulage net, passez la lame d'un couteau entre la pâte cuite et le moule, juste avant de démouler la tarte.

Pas de rouleau à pâtisserie sous la main. Utilisez donc une bouteille !

MA PREMIÈRE EXPÉRIENCE N'A PAS DONNÉ LE RÉSULTAT ESCOMPTÉ. Où était le problème ? Eh bien, figurez-vous qu'il était tout simplement dans la variété de pomme. J'avais pris des golden, une pomme délicieuse à croquer, mais qui ne tient pas à la cuisson. Du coup, je me suis retrouvée avec une pâte détrempée par une compote de pomme…

... Moelleux *au chocolat* ...

PRÉPARATION : 10 MIN
CUISSON : 25 MIN
pour 4 personnes

- 200 g de chocolat noir à 70 % de cacao
- 250 g de brousse de brebis allégée
- 4 œufs
- 60 g de miel liquide (3 cuill. à café)
- 1 yaourt nature à 0 % de matières grasses
- 30 g de fécule de maïs
- 1 sachet de levure chimique

Préchauffez le four à 180 °C (th. 6).

Cassez le chocolat en morceaux et faites-le fondre au micro-ondes avec 1 cuillerée à soupe d'eau pendant 50 secondes.

Fouettez la brousse dans un saladier avec les œufs. Ajoutez le chocolat fondu refroidi, le miel, le yaourt, la fécule et la levure. Mélangez et versez la préparation dans un moule à manqué* en silicone.

Faites cuire 25 minutes et laissez refroidir le fondant avant de le démouler.

Clé minceur : ne rien s'interdire, mais partager.

REPÈRE TOP LIGHT

Un moelleux sans beurre ni huile, avec de la brousse et du yaourt. 100 g de moelleux au chocolat apportent généralement 440 kcal, contre seulement 190 kcal pour celui-ci !

ASTUCE DE CUISINIER

Réalisez ce gâteau en version individuelle en le faisant cuire dans 4 ramequins. Enfoncez un carré de chocolat noir au bout de 8 minutes de cuisson et prolongez la cuisson de 10 minutes pour obtenir un cœur coulant.

Hiver

Vous voulez un scoop ? L'hiver n'est pas l'ennemi de nos assiettes, car pour maigrir, il faut manger ! Arrêtez de culpabiliser sur la tartiflette et foncez en cuisine : on allège les plats qui font mal, on se fait plaisir, on équilibre ses menus et le tour est joué, la réussite à la clé. Trop facile !

Poêlée *de surimi* aux poireaux

PRÉPARATION : 10 MIN
CUISSON : 20 MIN
pour 4 personnes

- 3 gros blancs de poireaux
- 12 bâtonnets de surimi
- 10 g de beurre demi-sel
- 2 cuill. à soupe de velours de balsamique
- 1 cuill. à soupe de jus de citron
- sel et poivre du moulin

Coupez les poireaux en deux, rincez-les et émincez-les.

Faites fondre le beurre dans une sauteuse, ajoutez les poireaux, mélangez et faites cuire à couvert pendant 20 minutes environ à feu doux, en remuant régulièrement.

Coupez le surimi en cubes et ajoutez-les. Mélangez, versez le velours de balsamique et le jus de citron. Mélangez de nouveau pendant 1 minute, rectifiez l'assaisonnement et servez immédiatement.

Le saviez-vous ?
Il existe du balsamique blanc, ainsi que sa crème dont la texture est plus épaisse.

Clé minceur : favoriser le poisson.

JE N'AIME PAS LE SURIMI FROID, MAIS POÊLÉ, C'EST UNE MERVEILLE. Fondant, moelleux à souhait. Faites l'expérience de cette recette accompagnée de velours de balsamique, une réduction de ce vinaigre italien dont la réputation n'est plus à faire.

REPÈRE TOP LIGHT

Choisissez un surimi au taux de lipides le plus bas possible.

Astuce : un plat aussi bon chaud, que froid !

ÉQUILIBRE REPAS : complétez ce plat avec 2 tartines de pain de seigle, puis 30 g de fromage et un fruit.

Artichauts *en vinaigrette*

PRÉPARATION : 10 MIN
CUISSON : 20 À 30 MIN
pour 4 personnes

- 4 artichauts
- le jus de 1 citron

POUR LA VINAIGRETTE

- 1 cuill. à café de fécule de maïs
- 2 cuill. à soupe de vinaigre de citron
- 1 cuill. à café de jus de citron
- 1 cuill. à café de moutarde
- 1 cuill. à soupe de ciboulette ciselée
- sel et poivre du moulin

Faites cuire l'artichaut le jour de sa consommation pour éviter qu'il ne s'oxyde.

REPÈRE TOP LIGHT

Une vinaigrette sans une goutte d'huile !

Portez une casserole d'eau salée à ébullition.

Cassez la tige des artichauts et retirez les premières feuilles. Rincez et essuyez les artichauts, citronnez-les et plongez-les dans l'eau bouillante. Faites-les cuire pendant 20 à 30 minutes selon leur grosseur. Égouttez-les et rincez-les à l'eau glacée.

Écartez les feuilles centrales et retirez le foin qui ne se consomme pas, puis placez un artichaut dans chaque assiette.

Préparez la vinaigrette. Délayez la fécule dans une casserole avec 2 cuillerées à soupe d'eau. Faites chauffer à feu doux en fouettant pendant 2 minutes afin que le liquide épaississe. Versez dans un bol et laissez refroidir. Ajoutez le vinaigre, le jus de citron, la moutarde et la ciboulette. Fouettez et assaisonnez.

Dégustez les artichauts tièdes ou froids en trempant les feuilles dans la vinaigrette.

Clé minceur : manger lentement.

RIEN QU'À VOIR LA MONTAGNE DE FEUILLES APRÈS AVOIR MANGÉ DES ARTICHAUTS, vous vous sentez aussitôt repu ! Cette entrée a un sérieux avantage : elle permet de prendre la bonne habitude de manger lentement.

C'est scientifiquement prouvé, personne ne mange un artichaut en 3 bouchées !

ASTUCE DE CUISINIER

Il faut casser la tige des artichauts à la main, et non avec un couteau, afin de retirer les fibres de la base.

Conseil santé : il est possible de supprimer la matière grasse végétale contenue dans un plat, mais celle-ci est nécessaire dans la journée : trouvez un autre moment pour la consommer. Limiter, mais ne jamais supprimer est la clé de l'équilibre.

Terrine *charcutière* aux trompettes de la mort

PRÉPARATION : 15 MIN
CUISSON : 25 MIN
pour 4 personnes

- 100 g de trompettes de la mort
- 1 blanc de poulet
- 5 cl de porto
- 1 oignon
- 1 cuill. à café d'huile d'olive
- 400 g de steak haché à 5 % de matières grasses
- 1 œuf
- 2 feuilles de laurier
- 4 tranches de pain de son
- sel et poivre du moulin

ÉQUILIBRE REPAS : terminez par un milkshake maison (1 petit verre de lait et des fruits dans le blender).

Préchauffez le four à 190 °C (th. 6-7).

Rincez les trompettes de la mort, essuyez-les et coupez-les en morceaux. Coupez le blanc de poulet en dés, mettez-les dans un bol et recouvrez-les de porto.

Épluchez et émincez l'oignon. Faites-le revenir dans une poêle avec l'huile d'olive pendant 3 minutes, sans cesser de remuer.

Dans un saladier, malaxez la viande hachée crue avec l'œuf. Ajoutez l'oignon cuit, les morceaux de champignons, les dés de poulet et assaisonnez.

Mettez la préparation dans une terrine de 25 cm sur 10 cm tapissée de papier sulfurisé. Déposez les feuilles de laurier dessus, couvrez et faites cuire 20 minutes.

Laissez la terrine complètement refroidir, réfrigérez et servez-la avec des tranches de pain de son.

ASTUCE DE CUISINIER

Faites griller le pain de son, c'est encore meilleur !

Pour conserver les champignons frais, enfilez-les sur un fil. Séchage impeccable. Ma guirlande bio de Noël !

SI VOUS AVEZ LA CHANCE D'HABITER PRÈS D'UNE FORÊT, en début d'automne, après la pluie, chaussez vos bottes et partez à la cueillette des champignons.

Sortir, c'est bouger… à méditer. !!

REPÈRE TOP LIGHT

Comptez seulement 110 kcal pour 100 g de cette terrine (220 kcal par portion), au lieu de 310 kcal pour une terrine classique.

... Potage *aux 5 légumes* ...

PRÉPARATION : 15 MIN
CUISSON : 25 MIN
pour 4 personnes

- 2 courgettes
- 2 poireaux
- 1 navet
- 2 branches de céleri
- 4 carottes
- sel et poivre du moulin

Épluchez et rincez les légumes.

Coupez-les en morceaux et mettez-les dans une casserole. Recouvrez d'eau et faites cuire 25 minutes à feu moyen.

Mixez grossièrement et assaisonnez.

Clé minceur : prendre un bol de soupe avant chaque repas permet d'être plus vite rassasié.

Vous pouvez remplacer la pomme de terre habituellement ajoutée dans les recettes de soupe par 150 g de konjac (très riche en fibres) façon riz, et le tour est joué !

ÉQUILIBRE REPAS : si elle constitue un plat unique, ajoutez 150 g de lentilles et 1 œuf.

REPÈRE TOP LIGHT

Le secret ? Un mixage grossier afin de laisser des morceaux pour une meilleure satiété.

J'AI TELLEMENT BU DE SOUPE DANS MA VIE que j'ai l'impression, certains jours, d'avoir du jus de poireaux dans les veines !

Quand on a faim, la soupe est LE remède miracle. Elle cale après l'avoir bu, et l'estomac plein, on fait de meilleurs choix alimentaires.

ASTUCE DE CUISINIER

Servez cette soupe avec des croûtons, de la crème allégée, des fines herbes ou des épices comme le curry.

Vous pouvez également faire cuire les légumes avec 1 cube de bouillon de volaille.

Poêlée de choux de Bruxelles au St Môret®

PRÉPARATION : 10 MIN
CUISSON : 25 MIN
pour 4 personnes

- 800 g de choux de Bruxelles
- 100 g de fines tranches de bacon
- 2 cuill. à café d'huile d'olive
- 100 g de fromage St Môret® allégé
- vinaigre
- sel et poivre du moulin

Portez une grande casserole d'eau salée à ébullition.

Retirez les premières feuilles des choux si elles sont flétries et rincez les choux à l'eau vinaigrée. Mettez-les 25 minutes à cuire dans l'eau frémissante, puis égouttez-les.

Émincez les tranches de bacon pour former des allumettes.

Faites chauffer l'huile d'olive, puis ajoutez le bacon et les choux. Saisissez le mélange à feu vif pendant 2 minute, sans cesser de remuer. Incorporez le fromage, remuez jusqu'à ce qu'il soit fondu et rectifiez l'assaisonnement.

Clé minceur : consommer des légumes.

REPÈRE TOP LIGHT

Des allumettes de bacon en guise de lardons.

ÉQUILIBRE REPAS : prenez une portion de semoule légèrement sucrée et 2 clémentines mixées en dessert.

ASTUCE DE CUISINIER

Faites une entaille en croix à la base des choux avant de les cuire. Ils seront ainsi plus tendres.

LE CHOU DE BRUXELLES EST LE PLUS CALORIQUE DE LA FAMILLE DES CHOUX. Il titre 50 kcal contre 20-30 pour les autres, avec un indice glycémique (IG) bas.

IG du glucose pur (ou du pain blanc) = 100.

IG du chou = 15.

SACHEZ QUE plus l'indice glycémique est élevé, plus il entraîne la sécrétion d'insuline, ce qui favorise le stockage de graisse.

Au-delà de 70 = IG élevé.

En dessous de 55 = IG faible.

Attention au taux de lipides des poêlées industrielles surgelées ! Pour éviter que les légumes collent entre eux dans le sachet avant la congélation, du gras est ajouté. Voilà, vous êtes prévenus !

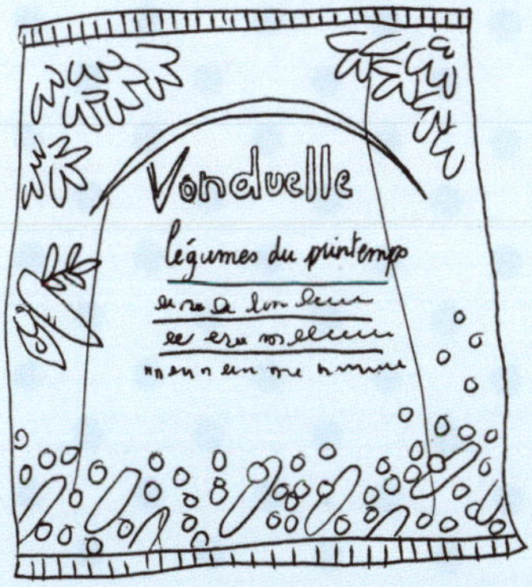

Escalopes de dinde à la crème de champignons

PRÉPARATION : 10 MIN
CUISSON : 20 MIN
pour 4 personnes

- 4 escalopes de dinde
- 250 g de champignons de Paris
- 15 g de beurre (1 cuill. à soupe)
- 1 cuill. à soupe de persil plat ciselé
- 15 g de farine (1 cuill. à soupe)
- 25 cl de lait écrémé
- des pâtes ou du riz complet
- sel et poivre du moulin

Rincez les champignons, coupez la queue et émincez-les.

Coupez les escalopes en lamelles de 2 cm de large. Faites fondre le beurre dans une grande poêle et saisissez la viande en remuant pendant 10 minutes.

Salez, poivrez et remplacez la viande par les champignons et le persil. Faites chauffer pendant 6 minutes à feu doux, en remuant régulièrement.

Pendant ce temps, versez la farine dans une casserole et ajoutez le lait progressivement, sans cesser de fouetter. Faites chauffer 3 ou 4 minutes, jusqu'à ce que la sauce épaississe. Rectifiez l'assaisonnement et ajoutez les champignons cuits. Mélangez et nappez les escalopes de cette crème aux champignons.

Servez avec des pâtes ou du riz complet.

ÉQUILIBRE REPAS : un féculent et un fruit en dessert et le tour est joué.

Clé minceur : savoir gérer les quantités.

REPÈRE TOP LIGHT

Une crème de champignons sans crème fraîche !

ASTUCE DE CUISINIER

Goûtez toujours vos plats pour mieux les assaisonner !

Un bon repas commence par de la couleur sur la table. Posez donc des assiettes transparentes à chaque place et glissez sous chacune des pétales de fleurs ou des feuilles, cela décorera joliment la table.

La couleur de l'assiette permet de mieux gérer les quantités. Si votre assiette est de la même couleur que vos aliments, vous vous servirez beaucoup plus. Jouez donc les contrastes.

PAS DE GRASSE MAT' CHEZ GRAND-MÈRE.
Mais pourquoi, me direz-vous ? Quel rapport avec un livre de cuisine ? Boum, boum, boum, le bruit du marteau à viande sur les escalopes pour les attendrir.

Eh bien, je vous conseille cette méthode pour concilier petit poids et grande taille.

Avant cuisson, prévoir de donner quelques coups de marteau à la viande pour l'attendrir. Elle sera ainsi aussi plus fine et plus large. Un visuel très appétissant.

Pour faire revenir une viande, faites chauffer au préalable la poêle 1 ou 2 minutes. Elle doit être bien chaude pour saisir la viande, caraméliser et apporter des arômes et une saveur incomparables.

En revanche, si votre poêle est froide, vous obtiendrez une viande bouillie, fade et sans saveur. Un peu de patience donc !

Saint-jacques *poêlées* *à la* roquette

PRÉPARATION : 10 MIN
CUISSON : 10 MIN
pour 4 personnes

- 20 noix de saint-jacques
- 120 g de roquette
- 3 oignons nouveaux
- 1 cuill. à café d'huile d'olive
- 10 cl de crème de soja
- 1 cuill. à café de gomasio (dans les magasins bio)
- 1 cuill. à soupe de persil plat ciselé
- poivre du moulin

Pelez et émincez les oignons. Faites chauffer l'huile d'olive dans une sauteuse et mettez-y les oignons à revenir. Remuez pendant 2 minutes jusqu'à ce qu'ils soient translucides.

Ajoutez la roquette et poursuivez la cuisson pendant 5 minutes à feu doux en remuant.

Versez la crème de soja, poivrez et saupoudrez de gomasio. Laissez chauffer quelques secondes et répartissez dans 4 assiettes.

Dans la même poêle, saisissez les saint-jacques 1 minute environ sur chaque face. Parsemez-les de persil et déposez-les sur les lits de roquette. Servez immédiatement avec des pommes de terre vapeur par exemple.

Le gomasio est un condiment qui vient du Japon. Ce sont des graines de sésame grillées, mélangées avec du sel marin non raffiné. On peut l'utiliser pour agrémenter les plats ou remplacer le sel de table. Il permettra de réduire la consommation en sel.

Clé minceur : faire la fête dans sa tête et son assiette.

POÊLÉE, POCHÉE, RÔTIE, EN TARTARE, EN COQUILLE, EN GRATIN... la noix de saint-jacques est pour moi un aliment plaisir. Une bonne protéine maigre !

LA NOIX DE SAINT-JACQUES n'a pas une connotation « régime ». Au contraire, on l'associe aux repas de fêtes ! La pleine saison de sa pêche est en effet en fin d'année.

PRENDRE L'HABITUDE DE CONSOMMER DU POISSON, des coquillages et des crustacés 3 fois par semaine contribuera à alléger votre consommation de graisses saturées (celles qui apportent du cholestérol).

ÉQUILIBRE REPAS : complétez par un peu de parmesan et du pain frais, terminez par une banane.

Vive les produits de la mer et leurs oméga-3 !

ASTUCE DE CUISINIER

Si vous utilisez des noix surgelées, laissez-les complètement décongeler dans un mélange à parts égales d'eau et de lait à température ambiante, afin qu'elles soient moelleuses.

Steaks *au poivre*

PRÉPARATION : 10 MIN
CUISSON : 5 MIN
pour 4 personnes

- 4 onglets de bœuf (125 g environ par personne)
- 20 g de poivre blanc moulu

POUR LA SAUCE

- 10 cl de crème de soja
- 1/2 cuill. à café de moutarde
- 1 pincée de sel

Saupoudrez le poivre dans une assiette et roulez les onglets dedans.

Faites chauffer une poêle antiadhésive et saisissez la viande à feu vif, 2 minutes environ sur chaque face, selon la cuisson désirée. Réservez-les dans une assiette en les couvrant avec un couvercle.

Dans la même poêle, versez la crème de soja, la moutarde et le sel. Mélangez à feu doux pendant 1 minute et nappez la viande de cette sauce.

Servez immédiatement.

Clé minceur : s'autoriser à saucer.

ASTUCE DE CUISINIER

Cette sauce peut également être parfumée avec 1 cuillerée à café de cognac : l'essayer c'est l'adopter !

DEPUIS QUELQUES ANNÉES, le poivre est le petit plus zéro calorie que j'utilise pour donner du goût à mes plats. Je l'apprécie de plus en plus.

LE POIVRE MOULU GRIS de nos cuisines me semble parfois bien fade. Je vous invite à découvrir la gamme étendue de cette épice en grains à mettre dans un poivrier pour varier les saveurs.

LE POIVRE PEUT ÊTRE BLANC, NOIR, VERT, ROUGE. Cela dépend du stade de sa récolte et du type de préparation. La plante est originaire d'Inde.

MON PETIT PÉCHÉ MIGNON : des pâtes aux grains de poivre noir concassés. Miam, miam.

REPÈRE TOP LIGHT

Si vous mangez un steak avec de la purée de carottes (au lieu de frites), votre plat vous apportera 350 kcal contre 720 kcal.
Il n'y a pas photo !

... Purée de carottes ...

PRÉPARATION : 10 MIN
CUISSON : 18 MIN
pour 4 personnes

- 800 g de carottes
- 1 cube de bouillon de légumes
- 1 cuill. à soupe de crème d'amande
- sel et poivre du moulin

Épluchez et lavez les carottes. Coupez-les en rondelles et mettez-les dans une casserole. Couvrez d'eau, ajoutez le cube de bouillon et faites cuire pendant 18 minutes.

Égouttez-les en conservant 3 cuillerées à soupe d'eau de cuisson. Mettez dans le bol d'un blender et mixez. Ajoutez la crème d'amande, rectifiez l'assaisonnement et servez immédiatement.

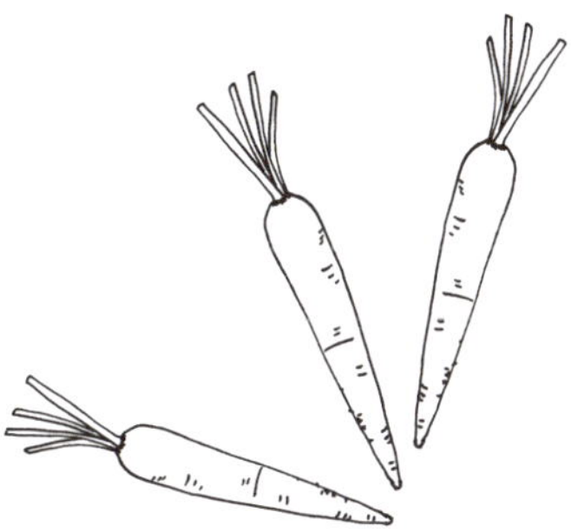

ASTUCE DE CUISINIER

Pour gagner du temps, vous pouvez faire cuire les carottes dans une cocotte-minute, 10 minutes suffisent !

Mes steaks au poivre

Ma purée
de carottes

Lasagnes

PRÉPARATION : 15 MIN
CUISSON : 45 MIN
pour 4 personnes

- 8 plaques de lasagnes précuites
- 2 oignons
- 2 carottes
- 2 courgettes
- 25 cl de bouillon de volaille
- 500 g de purée de tomate en conserve
- 1 gousse d'ail
- 1 bouquet garni (thym, romarin, laurier…)
- 6 blancs de poulet crus, hachés
- 4 cuill. à soupe de lait
- 2 cuill. à soupe de parmesan râpé
- sel et poivre du moulin

Préchauffez le four à 180 °C (th. 6).

Épluchez et émincez les oignons. Pelez et coupez en dés les carottes et les courgettes.

Versez le bouillon dans une sauteuse et portez à ébullition. Ajoutez les légumes et faites cuire 10 minutes environ, en remuant régulièrement. Versez la purée de tomate, ajoutez la gousse d'ail écrasée et le bouquet garni. Rectifiez l'assaisonnement et remuez pendant quelques secondes.

Incorporez le poulet haché et laissez mijoter à feu doux pendant 20 minutes.

Retirez le bouquet garni et étalez un tiers du mélange au fond d'un plat à gratin rectangulaire. Recouvrez de plaques de lasagnes et étalez le reste de sauce. Répétez l'opération deux fois. Enduisez la dernière couche de lasagne de lait avec un pinceau et parsemez de parmesan.

Enfournez pour 15 minutes et servez immédiatement.

REPÈRE TOP LIGHT

La viande de bœuf est remplacée par du blanc de poulet haché.

LES MEILLEURES LASAGNES DU MONDE SONT CELLES DE TANTE PAULETTE. Chaque bouchée est un délice qui se transforme en bourrelet. Pour une invitation occasionnelle, tout va bien, mais si ces lasagnes font partie de votre top 3 des recettes du dîner, bon courage pour éliminer ! Les miennes vont vous réconcilier avec ce plat gourmand.

ÉQUILIBRE REPAS : une belle poire en dessert, ça croque et ça craque.

Pommes de terre à la cancoillotte

PRÉPARATION : 10 MIN
CUISSON : 12 MIN
pour 4 personnes

- 4 grosses pommes de terre
- 120 g de cancoillotte
- 80 g de jambon blanc râpé
- 1 cuill. à soupe de ciboulette ciselée
- 3 cuill. à soupe de lait
- sel et poivre du moulin

Rincez les pommes de terre et faites-les cuire à la vapeur pendant 12 minutes environ. Vérifiez leur cuisson et déposez-les dans des assiettes.

Pendant ce temps, faites chauffer la cancoillotte pendant 5 minutes au bain-marie, afin de l'assouplir.

Dans un bol, mélangez le jambon avec la ciboulette et la cancoillotte tiède, puis versez le lait, sans cesser de remuer.

Coupez les pommes de terre chaudes en deux, nappez-les de sauce et assaisonnez-les.

On peut également remplacer la cancoillotte par du Tartare Ligne et Plaisir®.

Clé minceur : penser aux féculents pour éviter de craquer en fin de journée.

ASTUCE DE CUISINIER

Pour un dîner chic, choisissez des pommes de terre vitelotte. Leur chair violette est surprenante. Cette variété étant plus petite, proposez-en 2 par personne.

REPÈRE TOP LIGHT

Très peu grasse, la cancoillotte a un apport en protéines parfait.

AUTOUR DE LA POMME DE TERRE :

On évite de consommer la pomme de terre germée ou de couleur verte (on ne va pas se rendre malade !).

POUR UNE CUISSON UNIFORME, choisissez des pommes de terre de même calibre.

BELLE DE FONTENAY, ANNABELLE, CHARLOTTE, RATTE... sont des variétés idéales à consommer sautées, en salade, à la vapeur avec la peau et pour les frites.

LES POMMES DE TERRE ROSÉES (bintje, artemis, œil de perdrix, bleue d'Auvergne) sont des variétés dites rosées, davantage destinées aux purées et aux potages.

SI VOUS ÉPLUCHEZ LES POMMES DE TERRE D'AVANCE, laissez-les dans l'eau froide et non à l'air libre afin qu'elles ne noircissent pas.

CONSERVEZ-LES TOUJOURS À L'ABRI DE LA LUMIÈRE et dans le bac de votre réfrigérateur. Ne les maltraitez pas, sinon elles noirciront. C'est que ces demoiselles sont susceptibles...

Vous les trouverez au top de leur forme à partir du mois d'avril jusqu'à la fin de l'été.

AUTOUR DU JAMBON :

Si vous souhaitez acheter du jambon à l'os, cherchez l'os !

SI LE JAMBON EST SUPÉRIEUR, sa préparation sera plus naturelle. De manière générale, plus le jambon est clair, moins il contient de colorants. Je vous conseille de l'acheter chez un boucher-charcutier.

ATTENTION AU JAMBON ALLÉGÉ EN SEL (- 25 %) : les industriels y ajoutent davantage de chlorure de potassium.

JAMBON AU TORCHON : dans le temps, on mettait un torchon autour du jambon pour le cuire dans un bouillon. Cela ne se pratique plus désormais, mais l'appellation est restée.

LABEL ROUGE : le cochon vit plus longtemps et a plus d'espace pour vivre.

JAMBON BIO : le cochon a reçu une nourriture bio.

L'APPELLATION « JAMBON DE PARIS » EST LE NOM D'UNE RECETTE. Le jambon n'est pas malaxé, il n'y a pas de polyphosphates et le jambon se détache de l'os.

ÉPAULE : chair de l'épaule.

JAMBON : chair des cuisses.

JAMBON FUMÉ AVEC APPELLATION D'ORIGINE CONTRÔLÉE : le cochon vit en liberté. Moins malade, il reçoit moins d'antibiotiques.

ÉQUILIBRE REPAS :
accompagnez
de légumes et prenez
un fruit frais croquant
en dessert.

... Hachis *Parmentier* ...

PRÉPARATION : 15 MIN
CUISSON : 35 MIN
pour 4 personnes

- 800 g de pommes de terre (8 grosses pommes de terre)
- 350 g de bœuf haché à 3 % de matières grasses (chez le boucher)
- 1 oignon
- 1 gousse d'ail
- 1 cuill. à café d'huile d'olive parfumée à l'ail
- 1 cuill. à soupe de persil plat ciselé
- 15 cl de bouillon de bœuf
- 1 cuill. à soupe de tofu soyeux
- 1 pincée de noix de muscade râpée
- 30 g de parmesan râpé
- sel et poivre du moulin

Épluchez les pommes de terre, rincez-les et coupez-les en cubes. Placez-les dans une casserole, couvrez d'eau, salez et faites-les cuire pendant 15 minutes.

Épluchez et émincez l'oignon et l'ail. Faites-les revenir dans une poêle avec l'huile d'olive et le persil. Ajoutez la viande, remuez jusqu'à ce qu'elle commence à colorer, versez le bouillon et faites cuire pendant 12 minutes.

Égouttez les pommes de terre en conservant un petit verre d'eau de cuisson. Écrasez-les en purée et mélangez en ajoutant l'eau de cuisson reservée, afin que la purée soit souple. Incorporez le tofu et la muscade. Rectifiez l'assaisonnement et mélangez.

Étalez la moitié de la purée au fond d'un plat à gratin. Recouvrez de viande, puis d'un reste de purée. Parsemez de fromage râpé, poivrez et faites gratiner sous le gril du four pendant 8 minutes.

Clé minceur : préférer les protéines maigres.

REPÈRE TOP LIGHT

Le tofu soyeux remplace parfaitement la crème, pour seulement 3 % de matières grasses !

Je préfère présenter mon hachis dans un moule en verre rectangulaire de 26 cm de long et 10 cm de large.

LE PLAT FAMILIAL PAR EXCELLENCE. C'est simple, je ne connais pas une personne qui n'aime pas le hachis Parmentier.

BONNE HABITUDE : lors d'un repas, je vous conseille de servir en entrée une crudité qui croque et qui craque, comme le fenouil, le poivron, le concombre, les radis ou les endives en salade. Cela vous permettra de mâcher. Il faut favoriser ces alternances de consistances quand on veut perdre du poids.

ASTUCE DE CUISINIER

Avec de l'oignon surgelé, c'est encore plus rapide !

Que faire de mon reste de tofu ? Stocké dans le congélateur, il pourra servir à d'autres préparations.

Tagliatelles *sautées* *à la mode* thaïe

PRÉPARATION : 15 MIN
TREMPAGE : 2 H
CUISSON : 20 MIN
pour 4 personnes

- 300 g de tagliatelles
- 50 g de champignons shiitaké (au rayon des produits asiatiques)
- 100 g de germes de soja
- 1 oignon
- 1 gousse d'ail
- 2 carottes
- 2 cuill. à café d'huile de sésame
- 200 g de crevettes roses cuites
- 2 cuill. à soupe de sauce soja
- le jus de 1 citron vert
- sel et poivre du moulin

Réhydratez les champignons dans de l'eau tiède pendant 2 heures.

Faites cuire les tagliatelles *al dente*. Égouttez-les et réservez-les.

Rincez les germes de soja. Pelez et émincez l'oignon et hachez l'ail. Épluchez les carottes et coupez-les en petits bâtonnets.

Faites chauffer l'huile de sésame dans un wok, ajoutez l'oignon, l'ail et faites-les revenir 3 minutes sans cesser de remuer. Incorporez les champignons égouttés, les carottes et les germes de soja, puis poursuivez la cuisson pendant 10 minutes à feu doux en remuant régulièrement.

Décortiquez les crevettes, puis ajoutez-les. Mélangez, versez les tagliatelles, assaisonnez et réchauffez à feu vif pendant 3 minutes en secouant le wok régulièrement. Versez la sauce soja, le jus de citron vert et servez.

REPÈRE TOP LIGHT

Une cuisson au wok qui demande très peu de matières grasses.

Tarte *à l'oignon rouge* de Roscoff

PRÉPARATION : 15 MIN
CUISSON : 50 MIN
pour 4 personnes

- 800 g d'oignons rouges de Roscoff (environ 8 oignons moyens)
- 1 cuill. à café de beurre demi-sel
- 10 cl de vin blanc sec
- 2 cuill. à soupe de vinaigre balsamique
- 2 cuill. à soupe de crème fraîche à 15 % de matières grasses
- 50 g de fromage râpé
- sel et poivre du moulin

POUR LA PÂTE

- 200 g de farine bio complète
- 1 œuf
- 100 g de fromage blanc à 0 % de matières grasses
- 1 cuill. à café de sel

Pétrir la pâte, ça colle aux doigts ! Deux pulvérisations d'huile dans la paume des mains, et le problème est réglé.

Préchauffez le four à 180 °C (th. 6).

Préparez la pâte. Dans un saladier, mélangez la farine, l'œuf, le fromage blanc et le sel. Pétrissez la pâte avec les mains et formez une boule. Étalez-la avec un rouleau entre 2 feuilles de papier sulfurisé.

Tapissez un moule à manqué de papier sulfurisé et garnissez-le avec la pâte.

Épluchez et coupez les oignons en deux dans l'épaisseur. Faites fondre le beurre dans une sauteuse et mettez-y les oignons. Faites-les revenir pendant 5 minutes en remuant, versez le vin blanc et poursuivez la cuisson à feu doux pendant 15 minutes en remuant régulièrement. Ajoutez si besoin un peu d'eau en cours de cuisson.

Hors du feu, versez le vinaigre et la crème, puis rectifiez l'assaisonnement.

Versez le mélange sur le fond de tarte, recouvrez de fromage râpé et disposez côte à côte les demi-oignons. Enfournez pour 30 minutes.

ÉQUILIBRE REPAS : terminez avec une belle orange.

Faites précuire les oignons émincés* dans un plat au micro-ondes. Du coup, vous utiliserez moins de matières grasses pour les faire revenir. Et ce sera aussi un sacré gain de temps !

MOI, POUR LES OIGNONS, L'ÉCHALOTE ET L'AIL, J'OPTE POUR LA VERSION SURGELÉE, car je n'ai pas toujours le courage de les éplucher et d'affronter les larmes ! Mais si vous êtes courageux, achetez-les frais, la préparation n'en sera que meilleure. Et mettez des lunettes de piscine pour les éplucher. Vous serez ridicule, mais c'est la méthode la plus efficace contres les larmes ! Bref, si ce soir, au menu, c'est tarte à l'oignon, on reste à la maison !

Endives *au pastrami*

PRÉPARATION : 15 MIN
CUISSON : 30 MIN
pour 4 personnes

- 8 endives
- 8 tranches de pastrami
- 8 cuill. à café de fécule de maïs
- 1 pincée de safran
- 1 poivron rouge
- 40 g de gruyère râpé
- sel et poivre du moulin

Le pastrami est de la viande de bœuf séchée, fumée et finement tranchée.

Lavez les endives et faites-les cuire à la vapeur pendant 15 minutes. Égouttez-les et réservez leur eau de cuisson.

Préchauffez le four à 180 °C (th. 6).

Alignez les endives dans un plat à gratin et laissez-les tiédir avant de les rouler une par une dans les tranches de pastrami.

Mettez la fécule dans une casserole et délayez-la avec 50 cl d'eau de cuisson des endives, sans cesser de fouetter. Ajoutez le safran, rectifiez l'assaisonnement et faites chauffer à feu très doux en remuant, jusqu'à ce que la sauce commence à épaissir, pendant 5 minutes environ. Nappez-en les endives.

Rincez et essuyez le poivron, coupez-le en deux, retirez le pédoncule et les graines, et râpez la chair dans un bol. Ajoutez le fromage râpé et mélangez. Répartissez sur le plat d'endives et enfournez pour 13 minutes.

Clé minceur : transformer les recettes traditionnelles.

REPÈRE TOP LIGHT

Une version plus colorée et sans béchamel des célèbres endives au jambon.

CETTE RECETTE M'A RÉCONCILIÉE AVEC LES ENDIVES. Parce que, reconnaissez-le, elles ont quand même une sacrée mauvaise réputation : trop fades, trop amères, acides… Tant et si bien qu'il est difficile de se laisser tenter par ce légume pourtant très peu calorique.

DANS BEAUCOUP DE RÉGIMES, pour nous simplifier la vie, on les prépare à la vapeur ou encore crues, en salade. On évite ainsi de succomber à la tentation de plats caloriques en béchamel.

VOILÀ UN EXEMPLE DE REPAS TYPE LORS D'UN RÉGIME DRACONIEN : 2 tranches de jambon maigre + des endives vapeur + 2 biscottes + 1 yaourt 0 %. On se dit que l'on a respecté l'équilibre, que tout va bien, mais quelle tristesse !

Bravo, vous avez gagné le ticket gagnant de la démotivation... et du vidage de frigo 3 heures après ce repas !

MON EXPÉRIENCE DANS LE DOMAINE DES RÉGIMES m'a prouvé qu'on ne tient jamais sur la durée si on mange « triste ». Un des secrets pour atteindre votre but, c'est de cuisiner simple, rapide, mais bon. Rappelez-vous que le plus dur n'est pas de maigrir (quoique !), mais de tenir sur la durée et de ne pas regrossir.

Alors, mangez vos endives en mode « je me régale » et pas en mode « courage, tu vas maigrir » ou « vivement que mon régime se termine » !

Tartiflette *au bacon*

PRÉPARATION : 15 MIN
CUISSON : 40 MIN
pour 4 personnes

- 800 g de pommes de terre rouges
- 1/2 reblochon
- 12 tranches de bacon
- 2 oignons
- 10 cl de crème liquide à 15 % de matières grasses
- 10 cl de vin blanc
- sel et poivre du moulin

Préchauffez le four à 180 °C (th. 6).

Épluchez et émincez les oignons. Coupez 4 tranches de bacon en allumettes et mettez-les dans une poêle antiadhésive avec les oignons. Faites chauffer à feu doux en remuant pendant 5 minutes.

Lavez les pommes de terre et faites-les cuire pendant 15 minutes dans un grand volume d'eau bouillante salée.

Égouttez les pommes de terre, pelez-les, coupez-les en rondelles épaisses et mélangez-les aux oignons cuits dans la poêle. Ajoutez la crème et le vin blanc en remuant à feu très doux pendant 1 minute et versez la préparation dans un plat à four. Recouvrez avec les tranches de bacon restantes coupées en deux.

Coupez le demi-reblochon en morceaux et déposez-les sur le bacon. Enfournez pour 20 minutes et servez immédiatement.

REPÈRE TOP LIGHT

100g de tartiflette classique apportent 200 kcal. Comptez 350 g par personne, soit 700 kcal ! Pour les mêmes 350 g, notre tartiflette ne fera que 500 kcal.

ÉQUILIBRE REPAS : n'oubliez pas les légumes et prenez un fruit en dessert.

Le saviez-vous ? La recette de la tartiflette n'a qu'une trentaine d'années. Elle a été mise au point dans les années 80 par le syndicat interprofessionnel du reblochon pour rebooster les ventes du fromage. Pari gagné !

ASTUCE DE CUISINIER

Garder ou pas la croûte du fromage... Tout est une question de goût, mais sachez cependant qu'en la conservant, la tartiflette sera plus gratinée en fin de cuisson.

Pendant que je cuisine, plutôt que de grignoter, je bois de l'eau. !!

Raclette

PRÉPARATION : 15 MIN
CUISSON : 30 MIN
pour 4 personnes

- 4 pommes de terre
- 4 carottes
- 120 g de champignons de Paris
- 8 tranches de raclette
- 200 g de cancoillotte
- 4 tranches de jambon de dinde
- 4 tranches de viande des Grisons
- 4 tranches de speck
- cornichons
- sel et poivre du moulin

Rincez les pommes de terre et faites-les cuire à la vapeur pendant 15 minutes. Épluchez les carottes, lavez-les et coupez-les en rondelles. Faites-les cuire 12 minutes dans un grand volume d'eau bouillante.

Déposez les légumes cuits dans un plat et couvrez-les afin de les conserver au chaud.

Ôtez le pied des champignons, rincez-les, essuyez-les et coupez-les en deux. Mettez-les dans un saladier.

Coupez les tranches de raclette en deux et disposez-les dans un plat. Versez la cancoillotte dans un bol et déposez-le dans le plat avec la raclette.

Préchauffez l'appareil à raclette.

Disposez la viande des Grisons et le speck dans un plat avec les cornichons. Alternez les tranches de fromage à raclette avec la cancoillotte et nappez-en les carottes, les pommes de terre, les champignons et poivrez.

REPÈRE TOP LIGHT

Le maître mot est « diversité », de légumes, de charcuterie maigre... Pour ne pas se focaliser sur le fromage dont les tranches seront coupées en deux, pour en consommer moins...

SACHANT QUE 200 G DE FROMAGE À RACLETTE apportent environ 700 kcal, sans compter celles des pommes de terre et de la charcuterie... ce repas convivial annonce une après-soirée lourde pour la digestion !

La nuit promet d'être mouvementée et assoiffée, et, dès le lendemain, la balance va fulminer.

Ma préparation express sans cuisson permettra de faire rimer « raclette » et « coquette ».

J'y ajoute souvent des haricots verts, des tomates, des poivrons, du chou-fleur, du maïs... Au gré de mes envies, tous les légumes sont permis !

Pour manger moins de fromage (qui est le plus riche !), faites cuire des œufs de caille dans les poêlons.

Spécialité originaire du Tyrol, le speck est un jambon cru légèrement fumé et séché pendant plusieurs mois.

ASTUCES DE CUISINIER

Chou-fleur, carottes, courgettes... Variez les légumes, la raclette ne se sert pas qu'avec des pommes de terre ! Tout est permis ! Privilégiez la charcuterie maigre comme le blanc de dinde, la viande des Grisons ou encore le bacon.

Blanquette *de veau*

PRÉPARATION : 20 MIN
CUISSON : 1 H 30
pour 4 personnes

- 600 g de veau
- 1 oignon
- 1 blanc de poireau
- 4 carottes
- 250 g de champignons de Paris
- 2 cuill. à café d'huile d'olive
- 1 bouquet garni
- 20 g de beurre (ou 15 g de margarine)
- 20 g de farine
- 1 jaune d'œuf
- 3 cuill. à soupe de yaourt nature brassé
- sel et poivre du moulin

Choisissez bien vos morceaux de viande.

Coupez la viande en cubes. Pelez et émincez l'oignon, pelez et rincez le poireau et les carottes. Coupez le pied des champignons, rincez-les et coupez-les en deux. Coupez les autres légumes en rondelles.

Faites chauffer l'huile d'olive dans une cocotte. Mettez à revenir les morceaux de viande jusqu'à ce qu'ils soient dorés, ajoutez les autres légumes (sauf les champignons), mélangez et ajoutez le bouquet garni. Recouvrez d'eau et assaisonnez.

Faites cuire 1 heure à feu doux, ajoutez les champignons et poursuivez la cuisson pendant 30 minutes. Retirez le bouquet garni.

Faites fondre le beurre dans une casserole. Ajoutez la farine, puis versez le bouillon progressivement, louche par louche, en fouettant à feu doux. Retirez la sauce du feu quand elle commence à épaissir.

Dans un bol, fouettez le jaune d'œuf avec le yaourt. Ajoutez ce mélange à la sauce blanche, cuillerée par cuillerée, sans cesser de fouetter. Versez sur la viande et mélangez et servez immédiatement.

ÉQUILIBRE REPAS : un fruit en dessert.

Clé minceur : adapter les plats en sauce.

LA BLANQUETTE, CE PLAT CRÉMEUX ET ONCTUEUX QUI FOND EN BOUCHE... On a toutes rêvé, en phase de contrôle alimentaire, de se mettre à table pour savourer un plat en sauce et de se régaler tout simplement.

Stop à la frustration !
Que du bonheur... !!

AVANTAGE : cette viande blanche fait partie des viandes maigres.

ASTUCE DE CUISINIER

Faites hiberner les plats en sauces ! Mitonnez-les la veille et placez-les au réfrigérateur afin que les lipides se figent en surface. Le jour même, il suffit de retirer les lipides avec une cuillère. En plus, réchauffés, ces plats sont encore meilleurs !

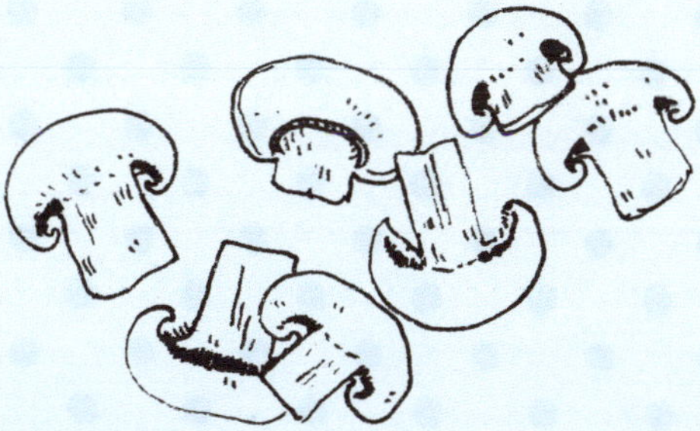

Bœuf *façon* bourguignon

PRÉPARATION : 15 MIN
MARINADE : 2 H
CUISSON : 1 H
pour 4 personnes

- 600 g de paleron de bœuf
- 30 cl de vin rouge
- 1 bouquet garni
- 2 oignons
- 3 carottes
- 300 g de champignons de Paris
- 4 tranches de bacon
- 2 cuill. à café d'huile de noix
- 2 cuill. à café de fécule de maïs
- 10 cl de bouillon de bœuf
- sel et poivre du moulin

Pour une cuisson traditionnelle dans une cocotte, comptez 1h30.

Coupez la viande en gros cubes et mettez-la dans un saladier. Ajoutez le vin, le bouquet garni et assaisonnez. Mélangez et laissez mariner pendant 2 heures.

Pelez et émincez les oignons. Épluchez, rincez et coupez les carottes en rondelles. Ôtez le pied des champignons, rincez-les, essuyez-les et coupez-les en deux.

Taillez les tranches de bacon en lanières.

Sortez la viande de la marinade, égouttez-la et essuyez-la avec du papier absorbant.

Faites chauffer l'huile de noix dans une cocotte-minute. Mettez-y les oignons à revenir pendant 3 minutes, puis ajoutez la viande et le bacon. Remuez quelques minutes jusqu'à ce que la viande soit dorée, puis saupoudrez de fécule. Mélangez et versez la marinade et le bouillon. Ajoutez les carottes et les champignons, refermez la cocotte et poursuivez la cuisson pendant 1 heure à feu doux.

Clé minceur : penser au vin cuit qui est idéal pour le goût et n'a pas le même effet sur la ligne que le vin au verre.

C'ÉTAIT LE PLAT LE PLUS CUISINÉ PAR MA MÈRE QUAND ELLE RECEVAIT. Les amis fidèles de mes parents, sans jamais le leur reprocher, connaissaient le menu d'avance. Pas de surprise avec le bœuf bourguignon, il fait son effet depuis des décennies !

ÉQUILIBRE REPAS : ajoutez un féculent et 2 pruneaux en dessert.

ASTUCE DE CUISINIER

Ce plat se prépare idéalement la veille. Plus la viande aura mijoté, plus elle sera savoureuse !

Wok de porc
aux châtaignes

PRÉPARATION : 10 MIN
CUISSON : 30 MIN
pour 4 personnes

- 1 filet mignon de 250 g
- 16 châtaignes cuites et épluchées
- 1 branche de thym
- 1 oignon
- 2 cuill. à café d'huile d'olive
- 2 cuill. à soupe de sauce soja
- sel et poivre du moulin

Préchauffez le four à 210 °C (th. 7).

Déposez le filet mignon dans un plat à four avec le thym, assaisonnez-le et faites-le cuire 25 minutes.

Épluchez et émincez l'oignon. Versez l'huile d'olive dans un wok et faites dorer les oignons pendant 3 minutes.

Tranchez le filet mignon cuit et mettez les tranches dans le wok avec les oignons. Ajoutez les châtaignes et faites chauffer pendant 2 minutes à feu vif en secouant le wok régulièrement. Ajoutez la sauce soja en fin de cuisson et servez immédiatement.

Clé minceur : penser au filet mignon, une viande maigre.

ÉQUILIBRE REPAS : complétez par de la salade et une sauce au yaourt, puis finissez par une pomme en dessert.

LES CHÂTAIGNES SONT MA COLLATION FAVORITE : quand il fait froid, quand il commence à bruiner et que leur douce odeur grillée embaume et réchauffe la sortie des métros parisiens, je suis aux anges.

Les châtaignes sont ma petite madeleine à moi !

Truffades *au chocolat noir* et au lait

PRÉPARATION : 15 MIN
CUISSON : 15 MIN
pour 4 personnes

- 200 g de chocolat noir pâtissier
- 4 œufs
- 1 pincée de sel
- 100 g de fromage blanc à 0 % de matières grasses
- 15 g de fécule de maïs
- 4 carrés de chocolat au lait

Des carrés de chocolat blanc peuvent aussi faire l'affaire, même s'il est plus gras.

Préchauffez le four à 180 °C (th. 6).

Cassez le chocolat noir dans un bol et faites-le fondre au micro-ondes avec 2 cuillerées à soupe d'eau pendant 1 minute. Mélangez tout de suite jusqu'à ce que le chocolat fondu soit homogène.

Séparez les jaunes d'œufs des blancs. Montez les blancs en neige ferme avec le sel.

Fouettez les jaunes avec le chocolat tiède, en l'incorporant cuillerée par cuillerée, sans cesser de remuer. Ajoutez le fromage blanc, la fécule et les blancs en neige.

Tapissez 4 ramequins de papier sulfurisé. Remplissez-les aux trois quarts de pâte et enfoncez 1 carré de chocolat au lait au centre.

Enfournez pour 15 minutes et servez immédiatement.

Clé minceur : ne prendre qu'une seule portion.

REPÈRE TOP LIGHT

Une préparation à base de fromage blanc à 0 % de matières grasses.

ASTUCE DE CUISINIER

Pour un cœur coulant, une cuisson de 10 à 12 minutes sera optimale. J'utilise souvent un moule à cake. Dans ce cas, il faut augmenter la cuisson de 10 minutes.

C'EST UNE ÉVIDENCE, NOUS MANGEONS DU CHOCOLAT pour l'apport en magnésium, pas du tout par plaisir ou gourmandise… Petit rappel : le magnésium aide à lutter contre le stress.

Les crevettes contiennent aussi du magnésium, ainsi que certaines eaux minéralisées.

Gratin d'agrumes *à la cannelle*

PRÉPARATION : 15 MIN
CUISSON : 40 À 45 MIN
pour 4 personnes

- 1 orange sanguine
- 1 orange
- 2 clémentines
- 3 jaunes d'œufs
- 4 cuill. à café de sucre roux en poudre
- 1 cuill. à café de cannelle en poudre
- 3 cuill. à soupe de jus de pamplemousse
- 30 cl de crème liquide à 15 % de matières grasses

Préchauffez le four à 150 °C (th. 5).

Pelez à vif les agrumes. Coupez les oranges en tranches et détachez les quartiers des clémentines. Mélangez les agrumes et répartissez-les dans 4 ramequins peu profonds de 10 cm de diamètre environ.

Fouettez les jaunes d'œufs dans un saladier avec le sucre. Ajoutez la cannelle, le jus de pamplemousse et la crème. Répartissez la préparation sur les agrumes.

Déposez les ramequins dans un plat avec un fond d'eau et faites cuire au bain-marie pendant 40 à 45 minutes.

Clé minceur : varier les plaisirs.

LA CANNELLE, ON L'AIME OU ON NE L'AIME PAS, IL N'Y A PAS DE JUSTE MILIEU. C'est pour ma part, une épice que je consomme sans hésitation et sans modération. Un coupe-faim naturel avec un goût particulier qui me plaît beaucoup. Bâton, poudre, bonbon, gomme, huile essentielle… Je suis complètement accro à la cannelle !

Si vous l'aimez comme moi, vous allez vous régaler avec ce gratin.

Far *aux pruneaux*

PRÉPARATION : 15 MIN
CUISSON : 30 MIN
pour 4 personnes

- 130 g de pruneaux (10 pruneaux dénoyautés)
- 50 cl de lait écrémé
- 3 œufs
- 30 g de fructose (2 ½ cuill. à soupe)
- 100 g de farine + 2 cuill. à soupe pour les pruneaux
- 1 sachet de sucre vanillé

Préchauffez le four à 210 °C (th. 7). Beurrez un moule à manqué.

Versez le lait dans une casserole et faites-le chauffer.

Cassez les œufs dans un saladier et fouettez-les en omelette. Ajoutez le fructose, la farine et le sucre vanillé. Mélangez de façon à ce que la pâte soit homogène, puis versez le lait chaud en filet, sans cesser de remuer.

Roulez les pruneaux dans la farine. Versez la pâte dans le moule et répartissez les pruneaux.

Enfournez à 180 °C (th. 6) pour 30 minutes environ. Faites plus ou moins cuire selon vos goûts (far doré ou un peu noirci).

ÉQUILIBRE REPAS : idéal au petit déjeuner.

REPÈRE TOP LIGHT

Du lait écrémé et du fructose pour la ligne !

CE GÂTEAU ME DONNE ENVIE D'ÊTRE BRETONNE. Je suis même prête à porter la traditionnelle coiffe blanche.

En deux mots, j'adore ! !!

ASTUCE DE CUISINIER

Le lait doit être chaud, ni bouillant (on peut y tremper le doigt) ni tiède. Le lait chaud va permettre d'obtenir un far bien homogène* en stabilisant la farine.

Pour fariner les pruneaux et éviter qu'ils tombent au fond du far, mettez de la farine dans un sac congélation ou une boîte avec couvercle, placez-y les fruits et secouez.

Quantités pratiques pour la pâtisserie :
1 œuf = 70 g
1 cuill. à soupe de sucre = 11 g
1 cuill. à soupe de farine = 10 g
1 cuill. à soupe bombée de farine = 22 g
1 cuill. à soupe de beurre = 11 g

Mousse *au chocolat*

PRÉPARATION : 15 MIN
RÉFRIGÉRATION : 3 H
pour 4 personnes

- 200 g de chocolat noir à 70 % de cacao
- 2 jaunes d'œufs
- 5 blancs d'œufs

Cassez le chocolat en morceaux dans un grand bol et faites-le fondre au micro-ondes avec 2 cuillerées à soupe d'eau. Mélangez-le afin qu'il soit souple et homogène, en ajoutant un peu d'eau si besoin.

Séparez les blancs des jaunes d'œufs. Ajoutez les jaunes au chocolat tiède et montez les blancs en neige ferme. Incorporez-les au mélange de chocolat en soulevant la masse avec une maryse, sans fouetter.

Versez la mousse dans un petit saladier et réservez au réfrigérateur pendant 3 heures au minimum avant de servir.

Je ne suis pas magicienne, mais je sais faire disparaître une tablette de chocolat !

REPÈRE TOP LIGHT

Du chocolat à 70 % et seulement 2 jaunes d'œufs ?! Cette mousse ne vous apportera que 250 kcal pour 100 g, contre 350 kcal pour une mousse classique.

Attention : remuez bien le chocolat quand il est fondu, afin qu'il refroidisse avant d'incorporer les jaunes.

POURQUOI AI-JE MIS UN TEMPS FOU À RÉUSSIR LA MOUSSE AU CHOCOLAT, alors qu'à la base, c'est une recette plutôt simple ? Tout bêtement parce que j'incorporai les jaunes d'œufs trop tôt dans un chocolat très chaud. Résultat, les jaunes cuisaient et devenaient durs en se mélangeant au chocolat chaud.

UNE MOUSSE ENCORE PLUS LÉGÈRE ? Impossible. Mais voici ma recette express pour 2 personnes (100 kcal par personne) :2 blancs d'œufs battus en neige bien ferme + 2 cuill. à soupe rases de cacao sucré. Mélangez les deux et le tour est joué.

Un peu de patience est nécessaire pour déguster une mousse parfaite. !!

Ce n'est pas parce que c'est une mousse (donc légère), qu'on doit finir le saladier !

Petit rappel de conversion (c'est loin les maths !)
l = litre
cl = centilitre
ml = millilitre

1 cuill. à café d'eau = 0,5 cl
1 cuill. à soupe d'eau = 1,5 cl
1 verre à vin = 12,5 cl
1 verre à moutarde = 20 cl
1 tasse = 25 cl

Gâteau *aux pommes*

PRÉPARATION : 15 MIN
CUISSON : 30 MIN
pour 4 personnes

- 6 petites pommes (ou 3 grosses)
- 2 œufs
- 30 g de sucre en poudre
- 1 cuill. à café d'extrait de vanille liquide
- 60 g de farine
- 1 sachet de levure chimique
- 80 g de compote de pomme
- 10 cl de lait écrémé

Préchauffez le four à 180 °C (th. 6).

Épluchez les pommes, coupez-les en deux, retirez le cœur et coupez-les en fines lamelles avec une mandoline.

Dans un saladier, fouettez les œufs avec le sucre, la vanille, la farine et la levure. Ajoutez la compote, puis le lait progressivement. Mélangez jusqu'à ce que la préparation soit lisse et souple.

Ajoutez les lamelles de pommes, mélangez délicatement et versez dans un moule à manqué en silicone.

Faites cuire 30 minutes et servez tiède ou froid.

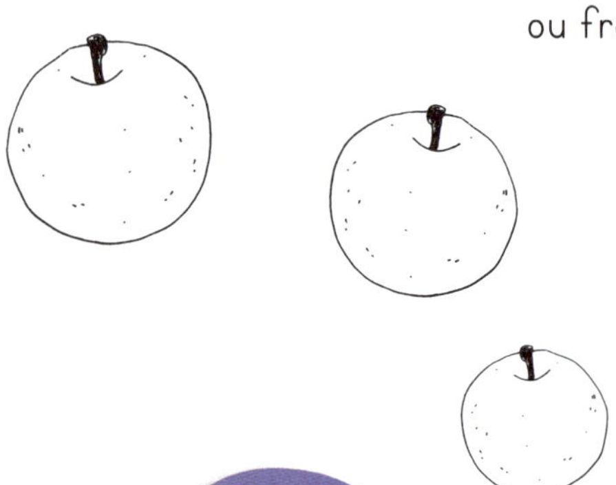

Clé minceur : mettre plus de fruits que de pâte dans les desserts.

REPÈRE TOP LIGHT

Le beurre est complètement remplacé par la compote de pomme !

Profiteroles

PRÉPARATION : 20 MIN
CUISSON : 20 MIN
REPOS : 2 H 20
pour 4 personnes

POUR LA PÂTE À CHOUX
- 40 g de beurre mou
- 1 pincée de sel
- 50 cl de lait écrémé
- 80 g de farine
- 2 œufs

POUR LA CRÈME VANILLE
- 4 petits-suisses à 0 % de matières grasses
- ½ cuill. à café de vanille en poudre
- 1 cuill. à soupe de fructose

POUR LA GANACHE
- 150 g de chocolat noir à 70 % de cacao
- 2 cuill. à soupe de crème liquide à 15 % de matières grasses

Préparez la pâte à choux. Mettez le beurre en morceaux, le sel, le lait et 50 cl d'eau dans une casserole. Faites chauffer à feu doux en remuant et ajoutez la farine en pluie lorsque la préparation est chaude, sans cesser de remuer avec une spatule jusqu'à l'obtention d'une pellicule de pâte épaisse et homogène. Ajoutez les œufs un à un hors du feu en fouettant jusqu'à ce que la pâte soit lisse.

Préchauffez le four à 200 °C (th. 6-7).

Versez la pâte à choux dans une poche à douille et formez 12 choux de 3 cm de diamètre sur une plaque recouverte de papier sulfurisé. Aplatissez-les avec une cuillère à soupe mouillée.

Laissez reposer à température ambiante pendant 20 minutes et enfournez pour 10 minutes à 200 °C, puis 10 minutes à 180 °C (th. 6), jusqu'à ce que les choux soient dorés. Laissez les choux refroidir sur une grille pendant 2 heures.

Préparez la crème vanille. Dans un bol, mélangez les petits-suisses avec la vanille et le fructose. Percez le dessous des choux à l'aide d'une pointe de couteau et garnissez-les de crème avec une poche à douille.

Préparez la ganache. Cassez le chocolat en morceaux dans un bol, ajoutez 2 cuillerées à soupe d'eau et faites fondre au micro-ondes pendant 1 minute. Mélangez jusqu'à ce que la sauce soit homogène, puis ajoutez la crème.

Nappez chaque chou de sauce tiède au chocolat et servez.

Clé minceur : partager les desserts en famille.

REPÈRE TOP LIGHT

Une crème vanillée à 0 % de matières grasses grâce aux petits-suisses.

ASTUCE DE CUISINIER

Si vous possédez un four à chaleur tournante, enfournez les choux pour 10 minutes à chaleur statique (les choux vont gonfler), puis prolongez la cuisson de 10 minutes à chaleur ventilée (afin de les dessécher).

SI VOUS N'AVEZ PAS LE TEMPS DE FAIRE LA CRÈME pour fourrer les choux, vous pouvez utiliser une crème dessert au soja parfumée au chocolat, au café, à la vanille…

Si la flemme persiste, les chouquettes de boulangerie remplaceront facilement les choux. Eh oui ! Nous ne sommes pas toujours d'attaque pour nous mettre aux fourneaux !

LES GOURMANDISES DE Anna

ZOOM SUR...

BOISSONS 224

... Mojito *sans alcool* ... 224

... Chocolat *chaud* ... 225

... Cocktail *de fruits frais* ... 226

... Smoothie *aux myrtilles* ... 226

... Thé *à la menthe* ... 227

... Citronnade ... 228

... Sangria *d'été* ... 229

DIPS ET SAUCES 230

... Tzatziki ... 230

... Guacamole ... 231

... Sauce *au fromage blanc et aux herbes* ... 231

... Vinaigrettes *light* ... 232

... Fausse *mayonnaise* ... 233

... Marinade *express* ... 233

PETITS DÉJEUNERS ET GOÛTERS 234

... Pancakes ... 234

... *Comme* des cookies ... 235

... Porridge *aux flocons d'avoine* ... 235

... Crêpes ... 236

... Gaufres ... 236

... Gâteau *au yaourt* ... 237

... Riz *au lait* ... 237

... Compote *pomme et poire* ... 238

... Gâteau *aux carottes* ... 238

... Barres *de céréales* ... 239

... Génoise *fourrée* ... 239

BOISSONS...

LE PLAISIR NE PASSE PAS UNIQUEMENT PAR LA NOURRITURE ! Et si nous sirotions ensemble un cocktail maison (avec modération) ? Tchin-tchin, santé, *cheers* (anglais), *prosit* (allemand), *salute* (italien), *aplausos* (espagnol), *zdravlje* (croate)...

LES BOISSONS ONT, AU MÊME TITRE QUE TOUS LES ALIMENTS, un impact sur notre ligne. Ne diabolisez pas pour autant celles qui vous font plaisir, il y a toujours un moyen de les revisiter !

MAIS GARDEZ À L'ESPRIT LE CÉLÈBRE SLOGAN : « Est-ce que tu t'es vu quand t'as bu ? » Eh oui, au bout de 3 verres, on ne se rappelle même plus qu'on a envie de maigrir. Doucement sur l'alcool, les amis. Cela doit être occasionnel.

... Mojito *sans alcool* ...

PRÉPARATION : 5 MIN
pour 1 verre

- le jus de 1 citron vert
- 10 feuilles de menthe
- 25 cl d'eau gazeuse glacée

Versez le jus de citron vert dans un verre et ajoutez les feuilles de menthe (réservez 2 feuilles pour la décoration). Écrasez les feuilles au fond du verre avec un pilon et recouvrez d'eau gazeuse. Décorez et dégustez immédiatement.

ASTUCE DE CUISINIER

Vous pouvez sucrer ce cocktail avec 1 cuillerée à café de sirop de menthe sans de sucres ajoutés.

Thé *glacé*

PRÉPARATION : 5 MIN
INFUSION : 2 H
pour 1 l

- 8 cuill. à café de thé en vrac (ou 3 sachets) Vous pouvez remplacer le thé par des agrumes (zestes et pulpe).
- 3 cuill. à soupe de sirop d'agave

Mélangez le thé dans 1 l d'eau à température ambiante et laissez infuser pendant 2 à 4 heures, selon la force désirée. Filtrez le mélange, ajoutez le sirop d'agave et réservez au réfrigérateur. Servez éventuellement avec des glaçons.

Le saviez-vous ? En infusant dans de l'eau à température ambiante, le thé gardera ses vitamines. En outre, infusées dans de l'eau chaude, les feuilles de thé dégagent du tanin, responsable d'un arrière-goût amer et de la formation d'un dépôt !

Chocolat *chaud*

PRÉPARATION : 5 MIN
CUISSON : 1 MIN
pour 1 tasse

- 20 cl de lait écrémé
- 1 ½ cuill. à café de cacao en poudre non sucré
- 1 g d'agar-agar
- 1 cuill. à café de sucre de coco

Dans une casserole, versez le lait, le cacao et l'agar-agar. Faites chauffer à feu doux en remuant. Versez dans une tasse, ajoutez le sucre de coco et mélangez.

Le saviez-vous ? En refroidissant, l'agar-agar va épaissir la préparation et ainsi procurer un effet de satiété.

Cocktail *de fruits frais*

PRÉPARATION : 10 MIN
pour 1 verre

- 1 nectarine
- 1 orange
- 3 fraises
- 25 g de framboises
- 1 cuill. à café de jus de citron

Pelez et coupez les fruits en morceaux. Mixez-les avec le jus de citron, puis filtrez le jus obtenu afin d'éliminer les pépins. Réservez au frais jusqu'au moment de servir.

Smoothie *aux myrtilles*

Versez votre smoothie maison dans un sachet à glaçons. Congelez-les et vous obtiendrez des mini-glaces friandises.

De la fraîcheur, du naturel, le petit délice végétarien idéal pour une préparation gourmande : plaisir et diététique se rencontrent !

PRÉPARATION : 5 MIN
pour 1 verre

- 15 cl de lait de soja
- 3 cuill. à soupe de myrtilles
- 1/2 banane

Versez le lait de soja et les myrtilles dans le bol d'un blender*. Coupez la demi-banane en morceaux et ajoutez-la. Mixez pendant 20 secondes et servez immédiatement.

Thé à la menthe

Tunisien, marocain ? Marocain, tunisien ? Mon thé n'aura rien à voir avec celui consommé dans les cafés maures, j'en conviens. Mais, nostalgique de mes différents séjours au soleil, je m'octroie souvent une pause bien agréable en sa compagnie.

PRÉPARATION : 5 MIN
CUISSON : 3 MIN
INFUSION : 5 MIN
pour 1 l

- 1 cuill. à soupe de thé vert en vrac
- 20 feuilles de menthe
- 1 gousse de vanille

Portez 1 l d'eau à ébullition dans une casserole. Dans une théière, placez le thé, la menthe et la gousse de vanille fendue en deux. Versez l'eau bouillante, couvrez et laissez infuser pendant 5 minutes. Filtrez et servez immédiatement. Le thé à la menthe peut aussi être consommé froid.

Oublions nos soucis le temps d'un thé à la menthe !

Citronnade

Ma boisson préférée pour me rafraîchir et me réhydrater ! Citron jaune ou vert, peu importe, c'est bon dans tous les cas.

Variante : ajoutez 1 cuillerée à café d'eau de fleur d'oranger.

PRÉPARATION : 2 MIN
pour 1 verre

- le jus de 1 citron
- 1 cuill. à soupe de citron pulpé en bouteille
- 20 cl d'eau glacée
- 1 cuill. à café de cassonade

Versez le jus de citron et le citron pulpé dans un verre. Recouvrez d'eau glacée, sucrez et servez avec des glaçons.

ZOOM

... Sangria *d'été* ...

J'ai le souvenir d'un barbecue, il y a quelques années, avec en apéro, une immense bassine de sangria. À l'époque, j'étais en pleine phase d'amaigrissement, et toutes ces tentations sur le buffet étaient une sacrée épreuve de résistance ! Je me suis donc proposée pour servir les convives et remplir leurs verres de sangria. Pendant tout le service, à chaque verre servi, je me répétais : « 100 kcal pour vous et rien pour moi ». Voici enfin une sangria dont on peut se resservir.

PRÉPARATION : 5 MIN
pour 1 verre

- 10 cl de jus de raisin
- 10 cl de jus d'orange
- 1 pincée de cannelle en poudre
- 2 fraises
- 1 rondelle d'orange

Versez les jus de fruits dans un verre, ajoutez la cannelle et mélangez. Rincez les fraises, coupez-les en quatre et ajoutez-les. Dégustez avec la rondelle d'orange.

Le saviez-vous ?
Le nom de « sangria » a pour origine le mot espagnol sangre, qui signifie « sang ». C'est en effet une boisson bien rouge !

DIPS ET SAUCES

QUI VOUS A DIT QUE POUR MAIGRIR, IL FALLAIT MANGER SEC ? Une vie sans sauce serait un peu comme un steak sans frites, mais si on se laisse aller, on finit forcément par le payer. J'ai donc trouvé le moyen de tricher un peu. Après tout, il n'y a pas de mal à se faire du bien !

Tzatziki

PRÉPARATION : 10 MIN

pour 4 personnes

- 1 concombre
- 150 g de fromage blanc à 0 % de matières grasses
- 1 petite gousse d'ail écrasée
- 6 feuilles de menthe ciselées*
- sel et poivre du moulin

Épluchez le concombre, coupez-le en morceaux et mixez-le grossièrement. Placez-le dans une passoire, saupoudrez de 1/2 cuillerée à café de sel et mélangez. Couvrez et laissez dégorger pendannt 1 heure minimum.

Mettez la pulpe dans un bol, ajoutez le fromage blanc, l'ail et la menthe. Rectifiez l'assaisonnement, couvrez et réservez au réfrigérateur jusqu'au moment de servir.

Guacamole

PRÉPARATION : 10 MIN
pour 4 personnes

- 3 avocats bien mûrs
- le jus de 1 citron vert
- 2 cuill. à café de fromage blanc à 0 % de matières grasses
- 1 pincée de piment en poudre (facultatif)
- sel et poivre du moulin

Pelez les avocats et coupez-les en morceaux. Écrasez-les dans un bol avec une fourchette, ajoutez le jus de citron vert, le fromage blanc, salez et poivrez. Mélangez et ajoutez éventuellement le piment.

Si vous ne servez pas le guacamole immédiatement, filmez et réservez au réfrigérateur.

Sauce *au fromage blanc* et aux herbes

PRÉPARATION : 10 MIN
pour 4 personnes

- 1 oignon nouveau
- 1 échalote
- 2 yaourts brassés à 0 % de matières grasses
- 1 cuill. à café de ciboulette ciselée*
- sel et poivre du moulin

Épluchez l'oignon et l'échalote, et émincez*-les. Mélangez-les dans un bol avec les yaourts et la ciboulette. Assaisonnez.

Au gré de vos envies, aromatisez ces sauces avec de l'aneth, des tomates séchées, des épices, des graines de pavot...

ZOOM

... Vinaigrettes *light* ...

PRÉPARATION : 5 MIN
pour 4 personnes

- 2 cuill. à soupe de jus de carotte
- 1 cuill. à café de jus de citron
- 1 cuill. à café de moutarde
- sel et poivre du moulin

PRÉPARATION : 5 MIN
pour 4 personnes

- 1 cuill. à café d'huile d'olive
- 1 cuill. à café de vinaigre
- 1 cuill. à café de sauce soja
- 2 cuill. à café de lait écrémé
- sel et poivre du moulin

PRÉPARATION : 5 MIN
pour 4 personnes

- 1 cuill. à café d'huile d'olive
- 1 cuill. à café de vinaigre balsamique
- 2 cuill. à café d'eau fraîche
- 1/2 cuill. à café de moutarde
- 1 brin de persil ciselé*
- sel et poivre du moulin

Mélangez tous les ingrédients de chaque vinaigrette.

Fausse *mayonnaise*

PRÉPARATION : 10 MIN
pour 4 personnes

- 2 œufs durs
- 1 cuill. à soupe rase de moutarde
- 200 g de fromage blanc à 20 % de matières grasses
- sel et poivre du moulin

Écalez* les œufs durs et coupez-les en morceaux dans le bol d'un blender*. Ajoutez la moutarde et le fromage blanc, et mixez finement pendant environ 10 secondes. Rectifiez l'assaisonnement.

Marinade *express*

PRÉPARATION : 5 MIN
pour 4 personnes

- 3 oignons nouveaux
- le jus de 2 citrons
- 1 pincée de piment d'Espelette

Épluchez les oignons et émincez*-les finement. Mélangez-les avec le jus de citron et le piment d'Espelette.

PETITS DÉJEUNERS ET GOÛTERS

ON A SOUVENT TENDANCE À LES ZAPPER, comme s'ils étaient en option. Grave erreur, car c'est grâce à un bon équilibre de ces deux repas que vous éviterez de tomber :

1) DANS LE DISTRIBUTEUR DE GÂTEAUX à 11 h (vous savez bien, celui rempli de barres chocolatées diaboliques !).

2) DANS LE PLACARD À BISCUITS, dans la réserve de bonbons des enfants et même dans le frigo à la recherche de fromage, en rentrant du boulot, à 19 h.

PETIT DÉJEUNER ET GOÛTER PERMETTENT DE RÉDUIRE LES FRINGALES. Un bon petit déjeuner régulera votre appétit sur la journée et le goûter redonne du tonus en fin de journée.

ATTENTION cependant à la collation qui commence à 16 h et qui finit à 18 h ! Une collation, ce n'est pas un repas.

Pancakes

PRÉPARATION : 10 MIN
CUISSON : 3 MIN ENVIRON
pour 8 pancakes

- 4 cuill. à soupe de fromage blanc à 0 % de matières grasses
- 4 cuill. à soupe de fécule de maïs
- 1 pincée de levure chimique
- 2 œufs

Versez le fromage blanc, la fécule et la levure dans le bol d'un blender. Ajoutez les œufs et mixez jusqu'à l'obtention d'une pâte parfaitement homogène.

Faites chauffer une poêle anti-adhésive, déposez une petite louche de pâte et faites cuire à feu moyen. De petites bulles vont se former, retournez alors le pancake et faites-le chauffer pendant encore 1 minute.

Procédez de la même façon jusqu'à épuisement de la pâte.

... Comme des cookies ...

PRÉPARATION : 10 MIN
RÉFRIGÉRATION : 1 H 30
CUISSON : 20 MIN
pour environ 25 petits cookies

- 150 g de flocons d'avoine
- 15 cl de jus d'orange
- 60 g de cassonade
- 50 g de pépites de chocolat
- 50 g de fruits secs coupés en petits morceaux

Versez les flocons d'avoine, le jus d'orange et la cassonade dans un saladier. Mélangez et ajoutez les pépites de chocolat et les fruits secs. Filmez et placez au réfrigérateur pendant 1 heure 30.

Préchauffez le four à 180 °C (th. 6). Prélevez des boules de pâte avec une cuillère à soupe et déposez-les sur une plaque recouverte de papier sulfurisé en les espaçant. Aplatissez-les avec le dos de la cuillère et enfournez pendant 15 minutes en surveillant. Laissez refroidir complètement les cookies avant de les servir.

... Porridge aux flocons d'avoine ...

PRÉPARATION : 10 MIN
CUISSON : 20 MIN ENVIRON
pour 4 personnes

- 1 l de lait écrémé
- 1 gousse de vanille
- 160 g de flocons d'avoine
- 2 cuill. à soupe de miel liquide

Versez le lait dans une casserole avec la gousse de vanille fendue en deux et faites-le chauffer jusqu'à ébullition. Saupoudrez de flocons d'avoine et poursuivez la cuisson à feu doux, en remuant, jusqu'à la reprise de l'ébullition.

Couvrez et faites cuire pendant 15 minutes environ. Retirez la gousse de vanille et versez le porridge dans des bols. Arrosez de miel.

ZOOM

Crêpes

PRÉPARATION : 10 MIN
REPOS : 1 H
CUISSON : 3 MIN ENVIRON
pour 8 crêpes

- 125 g de farine
- 1 pincée de sel
- 1 œuf
- 150 g de lait demi-écrémé
- 150 g d'eau gazeuse
- 1 cuill. à soupe d'huile neutre

Versez la farine et le sel dans un saladier. Creusez un puits et cassez-y l'œuf. Fouettez en versant le lait progressivement. Lorsque la pâte est homogène, incorporez l'eau gazeuse et l'huile, en remuant doucement. Couvrez et laissez reposer la pâte pendant 1 heure à température ambiante.

Faites chauffer une poêle antiadhésive, versez une louche de pâte et faites cuire pendant environ 2 minutes à feu doux. Retournez la crêpe et poursuivez la cuisson pendant 1 minute.

Procédez de la même façon jusqu'à épuisement de la pâte.

Gaufres

PRÉPARATION : 10 MIN
CUISSON : 5 MIN
pour 8 gaufres

- 200 g de farine
- 1 cuill. à café de levure chimique
- 25 g de sucre en poudre
- 1 pincée de sel
- 2 œufs
- 170 g de fromage blanc à 20 % de matières grasses
- 10 cl de lait écrémé

Versez la farine, la levure, le sucre et le sel dans un saladier. Cassez les œufs en mélangeant et ajoutez progressivement le fromage blanc, puis le lait. Fouettez au batteur électrique jusqu'à l'obtention d'une pâte lisse.

Prélevez une louche de pâte et répartissez-la sur les plaques du gaufrier. Étalez avec le dos de la louche en une couche épaisse. Fermez le gaufrier, retournez-le et faites cuire pendant 5 minutes.

Procédez de la même façon jusqu'à épuisement de la pâte.

... Gâteau *au yaourt* ...

PRÉPARATION : 10 MIN
CUISSON : 30 MIN
pour 4 personnes

- 2 œufs entiers + 1 blanc
- 2 pots de yaourt nature à 0 % de matières grasses
- 1 pot de sucre en poudre
- 3 pots de farine
- 1 sachet de levure chimique
- 1 cuill. à soupe d'eau de fleur d'oranger

Préchauffez le four à 180 °C (th. 6).

Fouettez les œufs entiers et le blanc dans un saladier. Ajoutez le yaourt et mélangez. Incorporez le sucre, la farine et la levure. La préparation doit être lisse et homogène*. Ajoutez l'eau de fleur d'oranger et versez la pâte dans un moule à manqué* en silicone. Faites cuire pendant 30 minutes environ, jusqu'à ce que la surface soit bien dorée. Laissez refroidir avant de démouler.

... Riz *au lait* ...

PRÉPARATION : 10 MIN
CUISSON : 40 MIN
pour 4 personnes

- 160 g de riz rond
- 1 l de lait écrémé + 3 cuill. à soupe
- 1 sachet de sucre vanillé
- 1 gousse de vanille
- 1 cuill. à soupe de fécule de maïs
- 2 cuill. à soupe de sirop d'agave

Portez une grande casserole d'eau à ébullition. Versez-y le riz et faites-le cuire pendant 3 minutes.

Faites bouillir le lait avec le sucre vanillé et la gousse de vanille fendue en deux. Égouttez le riz et versez-le dans le lait chaud. À la reprise de l'ébullition, faites-le cuire pendant 35 minutes à feu doux en remuant régulièrement.

Délayez la fécule dans 3 cuillerées à soupe de lait et incorporez-la à la préparation. Mélangez pendant 1 minute, puis ajoutez le sirop d'agave hors du feu. Versez le riz au lait dans un saladier et laissez-le tiédir.

... Compote *pomme et poire* ...

PRÉPARATION : 10 MIN
CUISSON : 35 MIN ENVIRON
pour 4 personnes

> 4 pommes
> 4 poires
> 10 cl de jus d'orange frais
> 1 pincée de vanille en poudre

Épluchez les fruits, retirez les cœurs et coupez-les en morceaux. Mettez-les dans une casserole avec le jus d'orange et la vanille. Faites cuire à feu doux pendant 35 à 40 minutes en remuant régulièrement.

Dégustez la compote tiède ou froide. Elle se conserve au réfrigérateur parfaitement plusieurs jours.

... Gâteau *aux carottes* ...

PRÉPARATION : 15 MIN
CUISSON : 35 MIN
pour 4 personnes

> 2 carottes
> 1 petite courgette
> 1 œuf entier + 1 blanc
> 35 g de beurre mou
> 80 g de cassonade
> 170 g de farine
> 1 sachet de levure chimique
> 1 pincée de mélange d'épices (cannelle, gingembre, noix de muscade...)

Préchauffez le four à 180 °C (th. 6). Épluchez les carottes et la courgette. Râpez-les finement et réservez-les. Séparez le jaune d'œuf du blanc et montez les 2 blancs en neige ferme.

Dans un saladier, fouettez le beurre avec la cassonade et le jaune d'œuf, puis ajoutez la farine et la levure. Incorporez les carottes et la courgette râpées. Ajoutez délicatement les blancs en neige en soulevant la masse, puis les épices.

Versez la pâte dans un moule à cake tapissé de papier sulfurisé et enfournez pour 35 minutes environ. Servez tiède ou à température ambiante.

... Barres *de céréales* ...

PRÉPARATION : 10 MIN
CUISSON : 40 MIN
pour environ 12 barres

- 100 g de flocons d'avoine
- 40 g de noix du Brésil hachées
- 1 cuill. à soupe de graines de chanvre
- 50 g de pruneaux dénoyautés
- 20 cl de jus d'orange
- 1 cuill. à soupe de compote de pomme
- 1 blanc d'œuf
- 1 cuill. à soupe de sirop d'agave

Préchauffez le four à 180 °C (th. 6). Dans un saladier, mélangez les flocons d'avoine, les noix du Brésil, les graines de chanvre et les pruneaux coupés en morceaux. Ajoutez le jus d'orange, la compote, le blanc d'œuf non battu et le sirop d'agave. Mélangez avec une cuillère en bois pendant 2 minutes afin que les ingrédients secs soient enrobés.

Étalez la préparation sur une plaque recouverte de papier sulfurisé et tassez-la avec le dos d'une cuillère. Enfournez pendant 30 minutes. Coupez les barres au format souhaité et poursuivez la cuisson pendant 10 minutes.

Laissez les barres de céréales refroidir et conservez-les dans une boîte hermétique.

... Génoise *fourrée* ...

PRÉPARATION : 15 MIN
CUISSON : 20 MIN
pour 4 personnes

- 3 œufs
- 180 g de farine
- 150 g de yaourt nature
- 2 sachets de sucre vanillé
- 1 sachet de levure chimique
- 3 cuill. à soupe de confiture allégée en sucres

Préchauffez le four à 180 °C (th. 6). Cassez les œufs dans un saladier et fouettez-les au batteur électrique pendant 8 minutes afin qu'ils doublent de volume. Ajoutez ensuite la farine en continuant à fouetter à vitesse moyenne, puis le yaourt, le sucre vanillé et la levure.

Versez la pâte dans un moule à génoise tapissé de papier sulfurisé et enfournez pendant 20 minutes.

Démoulez la génoise chaude sur un linge humide, laissez-la refroidir, puis nappez-la de confiture à l'aide d'un pinceau. Roulez le biscuit sur lui-même et réservez-le à température ambiante jusqu'au moment de le servir.

UN MENU POUR CHAQUE situation

MENUS

L'ÉQUILIBRE ALIMENTAIRE NE RÉSIDE PAS DANS UN SEUL PLAT, IL FAUT AUSSI FAIRE LES BONS CHOIX DE MENUS. En effet, si vous choisissez la salade piémontaise, suivie de la pizza de saison et du fondant au chocolat, je ne vous garantis pas que votre balance sera euphorique le lendemain ! Je vous suggère donc quelques pistes pour gagner du temps.

POUR RECEVOIR

On peut aussi en mettre plein la vue à ses invités en mode *light* !

Salade frisée aux pointes d'asperges et œufs pochés (VOIR P. 18)

Curry de filet mignon, purée de potimarron (VOIR P. 140-141)

Profiteroles (VOIR P. 220)

VÉGÉTARIEN

Le « végé » a le vent en poupe, et c'est tant mieux. Si vous pensez qu'un repas sans viande est ennuyeux, vous allez réviser votre copie !

Céleri rémoulight (VOIR P. 62)

Cheeseburgers végétariens au tofu (VOIR P. 94)

Panna cotta aux abricots (VOIR P. 102)

LENDEMAIN DE FÊTE

Résumé de la soirée d'hier : gras ? sucré ? alcoolisé ? Les trois... Bonjour les dégâts. Pas de panique, aujourd'hui nous allons recadrer tout cela avec bon sens. On évite le « foutu pour foutu, je continue ». Il n'est jamais trop tard pour rattraper les excès. On prend de bonnes résolutions et on se motive, toujours avec gourmandise et plaisir ! N'oubliez pas de boire votre litre et demi d'eau, de décoller du canapé et d'alléger votre journée sans vous priver de manger (de toute façon, se priver n'est pas au programme de ce livre !).

Potage aux 5 légumes (VOIR P. 176)

Papillotes de dos de cabillaud au citron, frites de patates douces (VOIR P. 88)

Gratin d'agrumes à la cannelle (VOIR P. 212)

DU SPORTIF

Anticiper et prévoir ses repas avant une séance de sport est essentiel pour nourrir ses muscles. Athlète du dimanche ou sportif averti, choisissez ce menu anti-coup de pompe !

Salade de lentilles aux carottes (VOIR P. 122)

Riz cantonais (VOIR P. 40)

Ananas poêlé au miel (VOIR P. 56)

DÉTOX

Quand votre corps crie « vitamines », c'est signe qu'il est grand temps de passer en mode détox !

Salade détox (VOIR P. 12)

Variations autour du fromage blanc (VOIR P. 46)

SANS CUISSON

Un repas réussi n'est pas forcément un repas que l'on cuit.

Raclette (VOIR P. 202)

Salade de fruits exotiques, saveur barbe à papa (VOIR P. 50)

APÉRO DÎNATOIRE

Je surveille ma ligne depuis des années avec succès, et je n'ai jamais renoncé aux apéros dînatoires : la convivialité est aussi un de mes secrets !

Tourte en brick aux épinards (VOIR P. 22)

Terrine charcutière aux trompettes de la mort (VOIR P. 174)

Wraps fraîcheur mimolette, jambon de dinde et laitue (VOIR P. 78)

Cake chèvre et tomates (VOIR P. 98)

Tarte Tatin (VOIR P. 164)

Truffades au chocolat noir et au lait (VOIR P. 210)

DU VOYAGEUR

Une petite escale gastronomique libanaise, grecque et italienne : il y a pire comme programme minceur, non ?

Taboulé libanais (VOIR P. 66)

Moussaka (VOIR P. 96)

Tiramisu aux fruits rouges (VOIR P. 58)

DU PÊCHEUR

Le menu du pêcheur est composé de poisson (logique !), mais en dessert nous avons choisi les pommes au four et oursons guimauve (logique de nouveau, car les ours aiment le poisson !).

Saint-jacques poêlées à la roquette (VOIR P. 182)

Papillotes de dos de cabillaud au citron, frites de patates douces (VOIR P. 88)

Pommes au four et oursons guimauve (VOIR P. 162)

ROUGE

Un petit menu tout simple que je préparerais bien à la Saint-Valentin pour coller au thème.

Tomates brocciu façon tomate mozzarella (VOIR P. 64)

Brochettes marinées au bœuf et poivrons grillés (VOIR P. 82)

Clafoutis aux cerises (VOIR P. 106)

ROSE

Voilà de quoi épater une petite bande de copines invitées à dîner… *Girls only*, on a dit !

Verrines roses : œufs de caille et betterave (VOIR P. 124)

Duo de gambas et crevettes au lait de coco (VOIR P. 74)

Cheesecake aux framboises (VOIR P. 112)

QUI PIQUE (UN PEU) !

Un menu *light* n'est pas un menu fade, on veut du goût, des saveurs, des odeurs !

Poêlée de surimi aux poireaux (VOIR P. 170)

Risotto au pesto rouge et chorizo (VOIR P. 84)

Cake au citron et graines de pavot (VOIR P. 114)

BUDGET SERRÉ

Budget serré ne doit plus rimer avec pâtes et à volonté !

Œufs mimosa (VOIR P. 14)

Courgettes farcies (VOIR P. 76)

Poires pochées, sauce chocolat (VOIR P. 158)

7-77 ANS

Réunir à la même table Barnabé, le petit dernier, et tatie Henriette, trop facile !

Macédoine de légumes et sa fausse mayo (VOIR P. 16)
Nuggets de poulet, ratatouille (VOIR P. 128)
Mousse au chocolat (VOIR P. 216)

BRETONISANT

Parce que la Bretagne nous rappelle toujours les vacances, ce menu-là, il n'y a pas de raison de s'en priver. Et si vous voulez remplacer la tarte à l'oignon par des moules à la marinière, c'est tout aussi bon !

Artichauts en vinaigrette (VOIR P. 172)
Tarte à l'oignon rouge de Roscoff (VOIR P. 196)
Far aux pruneaux (VOIR P. 214)

45 DEGRÉS À L'OMBRE DU FIGUIER

Trop chaud pour travailler, oui, mais pas pour cuisiner !

Salade César (VOIR P. 72)
Crème glacée cassis et langues de chat chocolatées (VOIR P. 108-109)

SUR LE POUCE

Règle n° 1 : un repas express ne doit plus se conjuguer avec « sandwich mixte mayo », un point, c'est tout.

Tartines aux tomates cerises saveur moutarde, salade de pois gourmands (VOIR P. 26)
Tarte fine fraises-rhubarbe (et sa pâte express) (VOIR P. 52)

GRANDE TABLÉE

Réunir toute la famille sans renoncer à sa ligne, c'est possible !

Salade de blé et haricots verts, version technicolor (VOIR P. 62)
Hachis Parmentier (VOIR P. 192)
Charlotte aux nectarines (VOIR P. 104)

GLOSSAIRE

BAIN-MARIE : cuisson qui consiste à placer un récipient (bol…) contenant une préparation dans un autre récipient plus grand (casserole…) rempli d'eau et maintenu sur le feu.

BLENDER : robot mixeur avec un grand bol en verre permettant de mixer des préparations liquides (smoothies, coulis de fruits, sauces…).

BRUNOISE : légumes détaillés en très petits dés.

CISELER : couper au couteau.

COUTEAU ÉCONOME : couteau destiné à éplucher les légumes.

CUILLÈRE PARISIENNE : ustensile en forme de cuillère qui permet de faire des petites boules de légumes ou de fruits.

CUIRE LA PÂTE À BLANC : faire cuire une pâte vide de toute garniture.

DÉBITER : couper en morceaux.

DÉGLACER : après une cuisson, verser un peu de liquide (eau, vin, vinaigre…) dans une poêle encore chaude.

ÉCALER : retirer la coquille d'un œuf dur.

ÉCUMER : retirer, avec une écumoire, la mousse (écume) qui se forme en surface.

ÉMINCER : couper très finement.

ÉMULSIONNER : disperser de minuscules gouttelettes d'un liquide dans un autre avec lequel il ne se mélange pas.

FAÇONNER : transformer la pâte en boules, en la roulant dans les mains.

FAIRE SUER : faire cuire à feu doux en évitant la coloration.

FEUILLE DE CUISSON : feuille antiadhésive en Teflon alimentaire que l'on pose sur une poêle. Elle permet ainsi de cuire sans matière grasse.

FILMER AU CONTACT : poser un film alimentaire directement sur la préparation afin d'empêcher le contact avec l'air. Cela évite la condensation et la formation d'une pellicule en surface.

HOMOGÈNE : pâte parfaitement mélangée et lisse.

JULIENNE : tranches de légumes émincées très finement.

MANDOLINE : accessoire pourvu d'une lame en Inox, destiné à couper finement et rapidement les légumes et les fruits.

MARYSE : spatule souple en silicone.

MOULE À CHARNIÈRE : moule dont les parois sont amovibles. On l'utilise pour la cuisson de gâteaux crémeux et fragiles comme les bavarois ou les cheesecakes. Il permet de démouler le gâteau facilement, sans l'abîmer.

MOULE À MANQUÉ : moule rond de 24 cm de diamètre à bords hauts, généralement utilisé en pâtisserie.

PÉDONCULE : queue du poivron.

PELER À VIF : retirer l'écorce et les fines membranes.

POCHE À DOUILLE : sac imperméable en forme de cône, muni d'un embout appelé « douille ».

SECOUER UNE SAUTEUSE (OU UNE POÊLE, UNE CASSEROLE...) : saisir le manche d'une main et agiter brutalement la sauteuse sur le feu. Ce tour de main permet de remuer les aliments en cuisson sans utiliser d'ustensile.

TAMISER : éliminer les grumeaux d'un produit en le faisant passer à travers un tamis (grande passoire très fine, que l'on appelle aussi « chinois »). On le verse dans le tamis et on secoue celui-ci au-dessus d'un saladier. Il est conseillé de tamiser farine et levure qui sont souvent compactées lors de l'emballage. En les tamisant, on les aère pour retirer les grumeaux et avoir des préparations plus moelleuses.

INDEX DES RECETTES PAR ORDRE ALPHABÉTIQUE

A

Ananas poêlé au miel 56

Artichauts en vinaigrette 172

Asperges sauce mousseline 35

B

Blanquette de veau 204

Bœuf façon bourguignon 206

Brick aux 2 fromages 144

Brochettes marinées au bœuf et poivrons grillés 82

C

Cake au citron et graines de pavot 114

Cake chèvre et tomates 98

Cassoulet 138

Céleri rémoulight 62

Charlotte aux nectarines 104

Cheeseburgers végétariens au tofu 94

Cheesecake aux framboises 112

Chili con carne 146

Clafoutis aux cerises 106

Cordons bleus 136

Courgettes farcies 76

Couscous au poulet 30

Crème glacée cassis et langues de chat chocolatées 108

Crumble 2/4/6 aux pommes 156

Curry de filet mignon 140

D-E

Duo de gambas et crevettes au lait de coco 74

Endives au pastrami 198

Escalopes de dinde à la crème de champignons 180

F

Far aux pruneaux 214

Filets de lotte aux courgettes 86

G

Galettes de thon aux flocons d'avoine 34

Gâteau aux pommes 218

Gâteau de semoule au chocolat et amande amère 160

Gratin d'agrumes à la cannelle 212

Gratin de chou-fleur au bacon, sauce blanche au roquefort 44

H-L

Hachis Parmentier 192

Lasagnes 188

M

Macédoine de légumes et sa fausse mayo 16

Magrets de canard à la poire et à l'oignon 152

Moelleux au chocolat 166

Moules à la marinière 90

Moussaka 96

Mousse au chocolat 216

Mousse au thon et œuf maman 118

N-O

Nuggets de dinde 128

Œufs à la neige 54

Œufs mimosa 14

P-Q

Pain de poisson à la tomate et au basilic... 80
Panna cotta aux abricots 102
Papillotes de dos de cabillaud au citron, frites de patates douces 38
Petits pois et carottes à la ciboulette et au tofu 42
Pizza de saison 32
Poêlée de choux de Bruxelles au St Môret® 178
Poêlée de surimi aux poireaux 170
Poires pochées, sauce chocolat 158
Pommes au four et oursons guimauve 162
Pommes de terre à la cancoillotte 190
Potage aux 5 légumes 176
Pot-au-feu 132
Poulet basquaise 92
Profiteroles 220
Purée de carottes 185
Purée de pommes de terre à l'ancienne 153
Purée de potimarron 141
Quiche lorraine sans pâte 134

R

Raclette 202
Ratatouille 129
Risotto au pesto rouge et chorizo 84
Risotto de coquillettes aux 2 saumons 28
Riz cantonais 40
Rouleaux de printemps aux crevettes 20

S

Saint-jacques poêlées à la roquette 182
Salade César 72
Salade de blé et haricots verts, version technicolor 68
Salade de fruits exotiques, saveur barbe à papa 50
Salade de lentilles aux carottes 122
Salade de pois gourmands 24
Salade de roquette et tuiles au parmesan 70
Salade détox 12
Salade frisée aux pointes d'asperges et œufs pochés 18
Salade piémontaise 120
Spaghettis à la bolognaise 150
Steaks au poivre 184

T

Taboulé au boulgour 66
Tagliatelles sautées à la mode thaïe 194
Tajine de poulet aux olives 100
Tarte à l'oignon rouge de Roscoff 196
Tarte fine fraises-rhubarbe (et sa pâte express) 52
Tarte Tatin 164
Tartiflette au bacon 200
Tartines aux tomates cerises saveur moutarde 26
Tatin de tomates au romarin 88
Terrine charcutière aux trompettes de la mort 174
Tiramisu aux fruits rouges 58
Tofu aux oignons 148
Tomates broccui façon tomate mozzarella 64
Tortilla tiède aux cèpes 126
Tourte en brick aux épinards 22
Truffades au chocolat noir et au lait 210

V-W

Variations autour du fromage blanc, le dessert zéro complexe 46
Verrines roses : œufs de caille et betterave 124
Wok de porc aux châtaignes 208
Wraps fraîcheur mimolette, jambon de dinde et laitue 78

INDEX DES RECETTES PAR INGRÉDIENTS

ABRICOT
Panna cotta aux abricots 102

ANANAS
Ananas poêlé au miel 56
Salade de fruits exotiques, saveur barbe à papa 50

ARTICHAUT
Artichauts en vinaigrette 172

ASPERGE
Asperges sauce mousseline 35
Salade frisée aux pointes d'asperges et œufs pochés 18

AUBERGINE
Moussaka 96
Ratatouille 129

AVOCAT
Guacamole 231

AVOINE, FLOCONS D'
Fromage blanc, framboise et flocons d'avoine 46
Galettes de thon aux flocons d'avoine 34
Comme des cookies 235
Porridge aux flocons d'avoine 235
Barres de céréales 239

BACON
Bœuf façon bourguignon 206
Cassoulet 138
Gratin de chou-fleur au bacon, sauce blanche au roquefort 44
Pizza de saison 32
Poêlée de choux de Bruxelles au St Môret® 178
Quiche lorraine sans pâte 134
Tartiflette au bacon 200

BETTERAVE
Verrines roses : betterave et œufs de caille 124

BLÉ
Couscous au poulet 30
Gâteau à la semoule, au chocolat et amande amère 160
Risotto de coquillettes aux 2 saumons 28
Salade de blé et haricots verts, version technicolor 68
Taboulé au boulgour 66
Tarte tatin 164

BŒUF
Bœuf façon bourguignon 206
Brochettes marinées au bœuf et poivrons grillés 82
Chili con carne 146
Cordons bleus 136
Courgettes farcies 76
Endives au pastrami 198
Hachis Parmentier 192
Moussaka 96
Pot-au-feu 132
Spaghettis à la bolognaise 150
Steaks au poivre 184
Terrine charcutière aux trompettes de la mort 174

CABILLAUD
Pain de poisson à la tomate et au basilic 80
Papillotes de dos de cabillaud au citron, frites de patates douces 38

CANARD
Cassoulet 138
Magrets de canard à la poire et à l'oignon . 152

CAROTTE
Bœuf façon bourguignon 206
Gâteau aux carottes 238
Lasagnes 188
Petits pois et carottes à la ciboulette et au tofu 42
Pot-au-feu 132
Potage aux 5 légumes 176
Purée de carottes 185
Salade de lentilles aux carottes 122

CASSIS
Crème glacée cassis et langues de chat chocolatées 108

CÉLERI-RAVE
Céleri rémoulight 62

CERISE
Clafoutis aux cerises 106

CHAMPIGNON
Blanquette de veau 204
Bœuf façon bourguignon 206
Escalopes de dinde à la crème de champignons 180
Pizza de saison 32
Quiche lorraine sans pâte 134
Raclette 202
Tagliatelles sautées à la mode thaï 194

Terrine charcutière
aux trompettes de la mort 174
Tortilla tiède aux cèpes 126

CHÂTAIGNE
Wok de porc aux châtaignes 208

CHOCOLAT
Chocolat chaud 225
Comme des cookies 235
Crème glacée
et langues de chat chocolatées 108
Fromage blanc, litchi, rose
et chocolat blanc 47
Fromage blanc, vanille et chocolat 47
Gâteau à la semoule, au chocolat
et amande amère 160
Moelleux au chocolat 166
Mousse au chocolat 216
Pommes au four et oursons guimauve 162
Profiteroles 220
Truffades au chocolat noir et au lait 210

CHOU DE BRUXELLES
Poêlée de choux de Bruxelles
au St Môret® 178

CHOU-FLEUR
Gratin de chou-fleur au bacon,
sauce blanche au roquefort 44

CITRON
Cake au citron et graines de pavot 114
Citronnade 228
Marinade express 233
Mojito sans alcool 224
Papillotes de dos de cabillaud
au citron, frites de patates douces 38

CONCOMBRE
Rouleaux de printemps 20
Salade de pois gourmands 24
Salade detox 12
Tzatziki 230

COURGETTE
Courgettes farcies 76
Filets de lotte aux courgettes 86
Gâteau aux carottes 238
Potage aux 5 légumes 176
Ratatouille 129

CREVETTE
Duo de gambas et crevettes
au lait de coco 74
Riz cantonais 40
Rouleaux de printemps aux crevettes 20
Tagliatelles sautées à la mode thaï 194

DINDE
Cordons bleus 136
Escalopes de dinde à la crème
de champignons 180
Nuggets de dinde 128
Raclette 202
Salade piémontaise 120
Wraps fraîcheur mimolette,
jambon de dinde et laitue 78

ENDIVE
Endives au pastrami 198

ÉPINARD
Tourte en brick aux épinards 22

FRAISE
Cocktail de fruits frais 226
Sangria d'été 229
Tarte fine fraises-rhubarbe
(et sa pâte express) 52
Tiramisu aux fruits rouges 58

FRAMBOISE
Cheesecake aux framboises 112
Cocktail de fruits frais 226
Fromage blanc, framboise
et flocons d'avoine 46
Tiramisu aux fruits rouges 58

FROMAGE
Cake chèvre et tomates 98
Cheeseburgers végétariens au tofu 94
Cheesecake aux framboises 112
Cordons bleus 136
Brick aux 2 fromages 144
Gratin de chou-fleur au bacon,
sauce blanche au roquefort 44
Moelleux au chocolat 166
Moussaka 96
Mousse au thon et œuf mamam 118
Poêlée de choux de Bruxelles
au St Môret® 178
Pommes de terre à la cancoillotte 190
Quiche lorraine sans pâte 134
Salade de roquette et tuiles au parmesan . . . 70
Tartiflette au bacon 200
Tomates brocciu,
façon tomate mozzarella 64
Wraps fraîcheur mimolette,
jambon de dinde et laitue 78

FROMAGE BLANC
Asperges sauce mousseline 35
Céleri rémoulight 62
Fausse mayonnaise 233
Fromage blanc, framboise
et flocons d'avoine 46
Fromage blanc, litchi, rose
et chocolat blanc 47
Fromage blanc, vanille et chocolat 47
Fromage blanc, vanille et spéculoos 46
Guacamole 231

Pancakes . . . 284
Salade césar . . . 72
Salade piémontaise . . . 120
Truffades au chocolat noir et au lait . . . 210
Tzatziki . . . 230
Verrines roses : betterave et œufs de caille . . . 124

GAMBAS
Duo de gambas et crevettes au lait de coco . . . 74

HARICOT
Cassoulet . . . 138
Chili con carne . . . 146
Macédoine de légumes et sa fausse mayo . . . 16
Œufs à la neige . . . 54
Salade de blé et haricots verts, version technicolor . . . 68
Salade détox . . . 12

LITCHI
Fromage blanc, litchi, rose et chocolat blanc . . . 47
Salade de fruits exotiques, saveur barbe à papa . . . 50

LOTTE
Filets de lotte aux courgettes . . . 86

MENTHE
Mojito sans alcool . . . 224
Thé à la menthe . . . 227
Tzatziki . . . 230

MOULE
Moules à la marinière . . . 90

MYRTILLE
Smoothie aux myrtilles . . . 226

NECTARINE
Charlotte aux nectarines . . . 104
Cocktail de fruits frais . . . 226

ŒUF
Cake au citron et graines de pavot . . . 114
Far aux pruneaux . . . 214
Fausse mayonnaise . . . 233
Galettes de thon aux flocons d'avoine . . . 34
Génoise fourrée . . . 239
Mousse au chocolat . . . 216
Mousse au thon et œuf maman . . . 118
Œufs mimosa . . . 14
Pancakes . . . 284
Salade frisée aux pointes d'asperges et œufs pochés . . . 18
Tortilla tiède aux cèpes . . . 126
Verrines roses : betterave et œufs de caille . . . 12

OIGNON
Magrets de canard à la poire et à l'oignon . . . 152
Marinade express . . . 233
Tarte à l'oignon rouge de Roscoff . . . 196
Tofu aux oignons . . . 148

OLIVE
Tajine de poulet aux olives . . . 100

ORANGE
Cocktail de fruits frais . . . 226
Compote pomme et poire . . . 238
Gratin d'agrumes à la cannelle . . . 212
Sangria d'été . . . 229

PATATE DOUCE
Papillotes de dos de cabillaud au citron, frites de patates douces . . . 38

PÂTES
Lasagnes . . . 188
Spaghettis à la bolognaise . . . 150
Tagliatelles sautées à la mode thaï . . . 194

PETIT-SUISSE
Œufs mimosa . . . 14
Profiteroles . . . 220
Cake au citron et graines de pavot . . . 114

PETITS POIS
Macédoine de légumes et sa fausse mayo . . 16
Petits pois et carottes à la ciboulette et au tofu . . . 42
Riz cantonais . . . 40

POIRE
Compote pomme et poire . . . 238
Magrets de canard à la poire et à l'oignon . . . 152
Poires pochées, sauce chocolat . . . 158

POIREAU
Poêlée de surimi aux poireaux . . . 170
Potage aux 5 légumes . . . 176

POIS GOURMANDS
Salade de pois gourmands . . . 24

POIVRON
Brochettes marinées au bœuf et poivrons grillés . . . 82
Pizza de saison . . . 32
Poulet basquaise . . . 92
Ratatouille . . . 129
Salade de blé et haricots verts, version technicolor . . . 68

POMME
Compote pomme et poire . . . 238
Crumble 2/4/6 aux pommes . . . 156

Curry de filet mignon 140
Gâteau aux pommes 218
Salade de fruits exotiques, saveur barbe à papa 50
Salade détox 12
Tarte tatin 164

POMME DE TERRE
Hachis Parmentier 192
Pommes de terre à la cancoillotte 190
Pot-au-feu 132
Purée de pommes de terre à l'ancienne 153
Raclette 202
Salade piémontaise 120
Tartiflette au bacon 200

PORC
Curry de filet mignon 140
Pommes de terre à la cancoillotte 190
Risotto au pesto rouge et chorizo 84
Wok de porc aux châtaignes 208

POTIMARRON
Purée de potimarron 141

POULET
Couscous au poulet 30
Lasagnes 188
Poulet basquaise 92
Salade césar 72
Tajine de poulet aux olives 100
Terrine charcutière aux trompettes de la mort 174

PRUNEAU
Barres de céréales 239
Far aux pruneaux 214

RAISIN
Sangria d'été 229

RHUBARBE
Tarte fine fraises-rhubarbe (et sa pâte express) 52

RIZ
Risotto au pesto rouge et chorizo 84
Riz au lait 237
Riz cantonais 40

SAINT-JACQUES, NOIX DE
Saint-jacques poêlées à la roquette 183

SALADE
Saint-jacques poêlées à la roquette 183
Salade césar 72
Salade de roquette et tuiles au parmesan 70
Salade frisée aux pointes d'asperges et œufs pochés 18
Wraps fraîcheur mimolette, jambon de dinde et laitue 78

SAUMON
Risotto de coquillettes aux 2 saumons 28

SOJA
Rouleaux de printemps 20
Smoothie aux myrtilles 226
Tagliatelles sautées à la mode thaï 194

SURIMI
Poêlée de surimi aux poireaux 170

THÉ
Thé à la menthe 227
Thé glacé 225

THON
Galettes de thon aux flocons d'avoine 34
Mousse au thon et œuf mamam 118
Verrines roses : betterave et œufs de caille 124

TOFU
Cheeseburgers végétariens au tofu 94
Petits pois et carottes à la ciboulette et au tofu 42
Tofu aux oignons 148

TOMATE
Cake chèvre et tomates 98
Chili con carne 146
Lasagnes 188
Pain de poisson à la tomate et au basilic 80
Pizza de saison 32
Spaghettis à la bolognaise 150
Taboulé au boulgour 66
Tartines aux tomates cerises, saveur moutarde 26
Tatin de tomates au romarin 88
Tomates brocciu, façon tomate mozzarella 64

VANILLE
Fromage blanc, vanille et chocolat 47
Fromage blanc, vanille et spéculoos 46
Œufs à la neige 54

VEAU
Blanquette de veau 204

vinaigrette *light* 232

YAOURT
Blanquette de veau 204
Gâteau au yaourt 237
Génoise fourrée 239
Moelleux au chocolat 166
Sauce au fromage blanc et aux herbes 231

REMERCIEMENTS

Remerciements d'Anna Austruy :

« Je tenais à remercier…
Élise Delprat, pour son aide précieuse lors de l'élaboration de ce livre de recettes.
Mon mari, qui est devenu goûteur professionnel (cadence infernale de 4 plats par jour) : il n'a jamais eu faim ! Ma maman l'a aidé un peu quand même…
Merci à Emma pour avoir validé les recettes végétariennes, qui mieux que ma fille pouvait apporter son grain de sel ?!
Merci à Coralie et Agnès pour leur patience malgré mes changements de dernière minute.
Merci à Aude et Olivier qui ont su faire de mes recettes une gourmandise visuelle.
Merci à la direction de Larousse de me faire confiance et d'avoir cru en moi.
Merci, merci, merci… À vous, chers lecteurs, de m'accompagner si fidèlement depuis quelques années. Bon, mes régimeuses et regimeurs une dernière chose avant de fêter votre réussite : à table ! »

Remerciements d'Élise Delprat :

« Mille mercis à Anna pour cette belle aventure, gourmande et *light* !
Mille mercis à mon petit mari qui a testé, goûté, savouré… toutes ces recettes, sans prendre 1 gramme ! Pari gagné !
Mille mercis à Coralie pour sa patience et son dévouement en toute situation (et si tu peux aussi nous donner le secret de ta ligne parfaite, ce serait super !). »

Remerciements d'Aude Royer :

« Un grand merci à Sybille et Rémy Costaz, et à leur équipe de choc, dont Vincent et Kévin, maraîchers sur le marché d'Aligre dans le 12e arrondissement de Paris. Si vous avez envie de beaux et bons produits pour réaliser vos recettes, n'hésitez pas à aller les voir. Ils sont toujours souriants, sympathiques et savent comme personne vous conseiller pour donner du goût à vos plats. »

TABLE DES ÉQUIVALENCES FRANCE-CANADA

Poids

55 g	2 onces	200 g	7 onces	500 g	17 onces
100 g	3 onces	250 g	9 onces	750 g	26 onces
150 g	5 onces	300 g	10 onces	1 kg	35 onces

Ces équivalences permettent de calculer le poids à quelques grammes près (en réalité, 1 once = 28 g).

Capacités

25 cl	1 tasse	75 cl	3 tasses
50 cl	2 tasses	1 l	4 tasses

Pour faciliter la mesure des capacités, une tasse équivaut ici à 25 cl (en réalité, 1 tasse = 8 onces = 23 cl).

CRÉDITS PHOTOGRAPHIQUES

Photographies des recettes

O. Ploton (stylisme A. Royer), sauf p. 91 : A. Roche (stylisme A. Janny).

Autres photographies

© O. Ploton – coll. Larousse : p. 12, 15, 21 h et m, 23, 24, 29 b, 31, 34, 35, 43 b, 55, 57, 60, 63 b ; 65 ; 71 h ; 73 b ; 79 ; 81 h ; 103 b ; 85 ; 87 ; 97 ; 99, 105 h, 107, 109, 119, 121 m et b, 135, 145, 147, 156, 158, 159, 161 h et b, 162, 166, 168, 173, 175 m et b, 179 h, 181, 185, 191 b, 193, 199 m et b, 201 m et b, 203 b, 205 h et b, 212, 216, 217, 223, 227, 228, 230, 231, 232 h, m et b, 233

© Shutterstock – Diana Taliun : p. 17 h ; Jiri Hera : p. 17 m et 43 h ; Wiktory : p. 17 b ; Kuttelvaserova nStuchelova : p. 21 b ; HLPhoto : p. 29 h, nada54 : p. 63 h ; Anna Pustynnikova : p. 71 b ; Es75 : p. 73 m ; carlosdelacalle : p. 73 hd ; alely : p. 73 hg ; Sarah2 : p. 81 b ; Alexlukin : p. 105 m ; Bernd Juergens : 121 h ; Lisovskaya Natalia : p. 134 et 179 b ; Sea Wave : p. 136 ; Edith Frincu : 137 et 199 h ; Pinkyone : p. 161 m ; BMJ : p. 175 h ; prochasson Frédéric : p. 203 h ; Marina Grau : p. 205 m ; HandmadePictures : p. 215

© Thinkstock – Alexpro9500 : p. 45 ; graffio77 : p. 116 et 208 ; Ls9907 : p. 62 ; HandmadePictures : p. 98 ; Jupiterimages : p. 191 h et 201 h

© F. Besse – p. 105 b

Illustrations

Marie Beaunay

Fonds

Fond printemps : © Shutterstock – Yuri Kravchenko
Fond été : © Shutterstock – Leone_V
Fond automne : © Shutterstock – mg1408
Fond hiver : © Marie Beaunay

Direction de la publication : Isabelle Jeuge-Maynart et Ghislaine Stora
Direction éditoriale : Agnès Busière
Édition : Coralie Benoit
Conception graphique et couverture : Anna Bardon
Mise en page : Lucile Jouret
Stylisme : Aude Royer
Fabrication : Donia Faiz

ISBN : 978-2-03-590465-2

Photogravure IGS-CP, 16 L'Isle d'Espagnac
Imprimé en Espagne par INDUSTRIA GRAFICA CAYFOSA
Dépôt légal : mars 2015
315329/01 - 11028982 - février 2015